盐城幼儿师范高等专科学校学术著作出版基金资助项目

产教融合背景下高职专业英语实践教学研究

Research on Practical Teaching of Professional English in Higher Vocational Colleges Under the Background of Integration of Production and Teaching

陆艳艳　著

中国海洋大学出版社

·青岛·

图书在版编目 (CIP) 数据

产教融合背景下高职专业英语实践教学研究 / 陆艳
艳著 . -- 青岛 ： 中国海洋大学出版社 ， 2023.8
　　ISBN 978-7-5670-3199-9

　　Ⅰ . ①产… Ⅱ . ①陆… Ⅲ . ①英语－教学研究－高等
职业教育 Ⅳ . ① H319.3

中国版本图书馆 CIP 数据核字 (2022) 第 112036 号

出版发行	中国海洋大学出版社		
社　　址	青岛市香港东路 23 号	**邮政编码**	266071
出 版 人	刘文菁		
网　　址	http://pub.ouc.edu.cn		
电子信箱	yyf_press@sina.cn		
责任编辑	杨亦飞	**电　　话**	0532-85902533
印　　制	三河市悦鑫印务有限公司		
版　　次	2023 年 8 月第 1 版		
印　　次	2023 年 8 月第 1 次印刷		
成品尺寸	170 mm×240 mm		
印　　张	10.5		
字　　数	200 千		
印　　数	1～800		
定　　价	55.00 元		
订购电话	0532-82032573 (传真)		

如发现印装质量问题 , 请致电 18600843040, 由印刷厂负责调换。

前言 / PREFACE

我国的职业教育从未停下过发展的脚步。早在"十三五"期间，我国就建成了世界上最大规模的职业教育体系；到了"十四五"时期，随着产业的升级，职业教育也面临着不断的深化改革，从而在跟跑产业发展的基础上，实现并跑甚至领跑。

在此情况下，我国高职专业英语教学面临着严峻的挑战。目前，我国还没有形成能够与企业岗位相匹配的教学体系，导致学生在企业实践中无法胜任相关工作。此时，只有将教学活动和企业实践相结合，实现产教融合、校企合作，才能有效提升高职英语专业学生在实践岗位上的个人能力，同时提高学生的实践能力与企业岗位需求的匹配度。

为解决以上问题，本书就产教融合背景下高职专业英语的实践教学做了深入研究。第一章讲述了产教融合的背景与内涵；第二章探讨了高职专业英语的相关概念，并从实践角度揭示了高职专业英语教学在产教融合背景下的发展现状；第三章和第四章从"教"与"学"的角度对当前高职专业英语教学做了深刻的解读；第五章探索了高职专业英语教师队伍建设；第六章则对产教融合背景下高职专业英语教学实践创新模式做了探究。

本书思路清晰，有层次，理论阐述深入浅出，易读易懂。同时，本书吸收、借鉴了最新的教学及实践成果，在内容方面具有时代特色。

在撰写本书的过程中，笔者借鉴了相关专家的研究文献与资料，在此表示感谢。由于笔者的精力、水平有限，书中难免存在疏漏与不足之处，恳请专家、学者和广大读者批评指正，以使本书更加完善。

陆艳艳

2023 年 1 月

目录 CONTENTS

第一章 产教融合的背景与内涵

第一节 产教融合的背景

虽然至今未有人就产教融合给出明确的定义，但产教融合这一模式早在清朝就出现了，在当时被称为"产学合作教育"。以下是对产教融合历史背景的介绍。

我国产教融合的产生与发展大致经历了七个阶段。

第一阶段，清朝的实业教育阶段（1865—1911年）。这是产教融合的萌芽期，实业家张之洞提出"学之为事，讲习与历练兼之"[①]，意思是课堂学习要和社会实践结合起来，他劝诫学生"要之学以躬行实践为主"[②]。1886年，张之洞创办了广东水陆师学堂，要求学生每年除了要在校学习9个月之外，还要抽出3个月的时间到军营及军舰内实习。如果正巧遇到战事，可"拟照西国通例前往观览，以资考镜实事"[③]。为了达到训练学生动手能力的目的，张之洞在学堂附近建了一座机器厂，设备类机床17台，供学生练习使用。除此之外，学堂还配有广甲轮，作为学生的实习用具。1898年，张之洞在湖北省武昌县[④]开办了湖北农务学堂。为了方便学生在农事实验场实习，他专门将办学地址从大东门内迁至武昌城北武胜门外多宝庵（今湖北大学校址）。1903年，周学熙（河北工业大学创始人）提出了"学堂为人才根本，工艺为民生至计，二者固宜并重；工艺非学不兴，学非工艺不显"的育人理念。1929年，他又提出了"教育与工业相助相长"的办学思想。这些都是产教融合的雏形。

第二阶段，民国初期（1912—1926年）。当时的代表人物为提出"手脑并

---

① 《张之洞全集》（卷二十一，奏议二十一）之《创办水陆师学堂折》。
② 《张之洞全集》（卷二百零四）之《孝茝轩语》一。
③ 《张之洞全集》（卷二百十三，古文二）之《创建尊经书院记》。
④ 今湖北省武汉市江夏区。

用，做学合一"的黄炎培和提出"生利主义职业教育"的陶行知。黄炎培在当时的社会环境下，跑遍全国甚至到世界多地了解当地的教育情况，学习当地先进的教育理论，尤其注重对美国职业教育的考察研究。1913 年，黄炎培对外发表了《学校教育采用实用主义之商榷》一文，对当时的封建教育做出了批判，指出教育不能与生产相脱离，倡导教育要和学生的生活及当时的社会需求结合起来，学校要加强对实物教学和直观教学的重视程度。1916 年，他在《东西两大陆教育不同之根本谈》一文中写道："纯乎纸面上之教育，所学非所用，所用非所学，改良之道不只需从方法上研究，更需在思想上研究。"他在研究中得到了一条结论：只有坚持实用主义，在全国大力推展职业教育，才能使中国的教育水平得到提高。1916 年，黄炎培在江苏建立职业教育研究会，次年又在上海成立中国近代第一个研究、试验、推行职业教育的全国性团体——中华职业教育社，旨在推广、改良职业教育，改良普通教育。在《中华职业教育社宣言书》一书中，黄炎培提出了职业教育的意义："使无业者有业，有业者乐业，学校无不用之成才，社会无不学之执业，国无不教之民，民无不乐之生。"①为了让职业教育深入人心，他还创办了杂志《教育与职业》。1918 年，他又在上海南市区通过募捐的方式筹办了中华职业学校。学校设有四门学科，分别是铁工、木工、纽扣及珐琅，并设立了与之一一对应的附属工厂。后来，学校增设了土木、纺织、商业等学科。黄炎培是第一个提倡学生半工半读的人，他坚信接受职业教育可以让一个人足够谋生，乃至成为优秀的生产力，以服务社会。陶行知则通过对中国国情及西方教育研究，提出了"生活就是一场教育""社会即是学堂"等理论。他认为"行是知之始，知是行之成"，"知""行"是密不可分的，并将自己的本名"陶文溶"改为"陶行知"，终身以此自勉。

第三阶段，中华人民共和国成立前期（1927—1949 年）。毛泽东在马克思主义的基础上，就我国教育问题进行了探讨，并提出了相关观点：要坚持和发展马克思主义关于教育与生产劳动相结合的教育理论，全力鼓励学校的知识分子到群众中去，与工农相结合，领导干部要带头"把工作、生产、学习相结合"②。在提出这套指导思想之前，毛泽东着重提出要把劳动生产与教育相互结合列为教育方针重要的一环。他还提出要脚踏实地，以实际为起点，来敲定劳动生产与教育相

---

① 黄炎培.中华职业教育社宣言书 [EB/OL].[2017-10-12].http://www.1918.net.cn/hyp/Hyp_ html/38/2005-11/20051107161737.html.

② 毛泽东关于教育的论述 [EB/OL].[2017-10-12].https://baike.baidu.com/item/%E6%AF%9B%E6%B3% BD%E4%B8%9C%E5%85%B3%E4%BA%8E%E6%95%99%E8%82%B2%E7%9A%84%E8%AE%BA%E8%BF%B0/12726906?fr=aladdin.

互结合的内容与形式。

第四阶段,新中国成立初到"文革"前(1949—1965年)。当时的教育环境存在着一些现实问题:一方面,我国职业教育和高等教育院校数量少,而接受教育的中小学毕业生人数日趋增多;另一方面,1951年颁布学制时,未将生产技术课或劳动课列入教育内容。因此,大量高小和初中毕业生缺乏劳动技能,不能满足国家经济建设对劳动者素质的要求。为了解决教育与生产相脱离的问题及高小和初中毕业生顺利从事生产劳动的问题,有关部门相继出台了《关于解决高小和初中毕业生学习与从事生产劳动问题的请示报告》《关于普通学校实施基本生产技术教育的指示(草案)》《关于1956—1957学年度中小学实施基本生产技术教育的通知》等,明确提出:"要在中小学有步骤地实施基本生产技术教育,在小学增设手工劳动课。今后进行的劳动教育,要把综合技术教育囊括在内,让学生从理论和实践上懂得一些工农业生产的基础知识,这样培养出来的学生不仅拥有文化科学知识,还拥有现代生产的基本知识和技能。"1957年3月16日,《人民日报》刊登了一篇《劳动教育必须经常化》的文章,自此,全国开始了如火如荼的劳动教育。在此过程中,河南、河北等省的一些大学、中学学生一面刻苦攻读,一面利用课余时间和假期从事各种有益劳动的事迹在全国范围内相继被报道,刘少奇据此提出勤工俭学有可能成为解决学生学习费用困难和普及教育的一个重要途径。同年,刘少奇将《参考资料》11月8日刊载的《美国大学生有2/3半工半读》一文印发给团中央,并要求通知各省、市、自治区团委:"选择个别单位,试行勤工俭学、半工半读制度。"1958年2月3日,"有组织、有步骤地推行半工半读"计划在《关于1958年度国民经济计划草案的报告》中被提出。同年5月30日,刘少奇就我国当时的劳动与教育制度进行了讲话,进一步论述了"半工半读"的教育意义。毛泽东则根据对"半工半读"制度的实际考察,提出了"学校要办工厂,工厂要办学校""学生要勤工俭学,教师也要搞"[①]的观点。这样一来,"半工半读"涉及的领域开始逐渐扩大。同年9月,中共中央、国务院正式发布了《关于教育工作的指示》,"半工半读"被当作一种基本教育制度得到了大力发展,产教融合的思想也得到了进一步发展,为今天我们提倡的"工学结合"和中国式"双元制"职业教育提供了很好的借鉴。然而,"文革"期间,"半工半读"彻底变为"生产劳动取代学校教育",偏离了产教融合的思想,直到21世纪初"半工半读"才被再次提起。

第五阶段,改革开放初期(1978年—20世纪90年代中期)。1985年5月27

---

① 曹晔.新中国初期半工半读教育的形成及其实现形式[J].职业技术教育,2013,34(16):72-73.

日，《关于教育体制改革的决定》在中共中央会议上被通过，该决定提出："鉴于目前我国的职业教育最为薄弱，应该调整中等教育结构，大力发展职业技术教育，为社会主义现代化建设培养更多受过良好职业技术教育的中级和初级技术人员、管理人员、技工和其他受过良好职业培训的城乡劳动者。"①20 世纪 90 年代，我国社会主义发展迈入了极其关键的 10 年，在这段时间里，党的十三届七中全会再次将关注重心放到职业教育上来，国务院还出台了《关于大力发展职业技术教育的决定》，倡导学校实行产教融合制度，积极发展校办产业，为学生提供良好的实习环境，并对学生逐步实行"双证书"②（即毕业证书和技术等级或岗位合格证书）制的考核。1996 年，中央政府出台了《中华人民共和国职业教育法》，其中第二十三条明文规定："职业学校、职业培训机构实施职业教育应当实行产教融合，紧紧依靠企业，为本地区经济建设服务。"③

第六阶段，社会经济迅速发展期（20 世纪 90 年代中后期—2010 年）。20 世纪 90 年代以来，再到迈入新世纪的前 10 年，职业教育取得了喜人的成果，这得益于出台的各类法规政策。根据数据显示，至 2010 年，我国共开设高职院校 1 246 所，招生人数多达 310 万人，占高等教育招生人数的 1/2。④2004 年，教育部颁布了《关于以就业为导向深化高等职业教育改革的若干意见》的文件，明确指明了高职教育的道路，即"以服务为宗旨，以就业为导向，走产学研结合"⑤，旨在为我国各个领域培养实干型人才。2005 年，国务院出台了《关于大力发展职业教育的决定》；2006 年，教育部出台了《关于职业院校试行工学结合、半工半读的意见》。这些文件都明确地提出了"工学结合、校企合作"的教育模式。这种教育模式的优势在于：学校的办学思路与行业关系密切，能够将理论教学与社会实践牢牢结合，更容易培养学生的实践能力；并且"半工半读"的模式可以大大地缓解学生的学费压力，提高教育的普及性。2006 年，《教育部关于

---

① 中华人民共和国教育部 . 中共中央关于教育体制改革的决定 [EB/OL]. [2017-10-13]. http://old.moe.gov.en//publicfiles/business/htmlfiles/moe/moe_177/200407/2482.html.

② 中华人民共和国教育部 . 国务院关于大力发展职业技术教育的决定 [EB/OL].[2017-10-13].http://old.moe.gov.cn//publicfiles/business/htmlfiles/moe/moe_732/200407/816.html.

③ 中华人民共和国教育部 . 中华人民共和国职业教育法 [EB/OL].[2017-10-13].http://www.gov.cn/banshi/2005-05/25/content_928.htm.

④ 巴音职教 .2010 年高等职业教育招生占招生规模的一半 [EB/OL].[2017-10-15].http://xuewen.cnki.net/cjfd-byzj200601005.html.

⑤ 中华人民共和国教育部 . 关于以就业为导向深化高等职业教育改革的若干意见 [EB/OL].[2017-10-15].http://old.moe.gov.cn//publicfiles/business/htmlfiles/moe/moe_737/200507/9969.html.

全面提高高等职业教育教学质量的若干意见》中提出：职业教育要把"教、学、做"①融为一体，提倡"工学结合"，并把其作为高职教育人才培养的关键切入点。2008年，河北工业大学对"工学并举"的解释提出了新的观点，认为"学"是指以人才培养为核心的学校高等教育系统，"工"是指以工业经济为核心的地方区域经济、社会系统，而"工学并举"正是两种系统的结合体，即课堂教育与经济发展相结合、理论与实践相结合、科研与社会服务相结合的"三结合"办学道路。②

第七阶段，经济产业深度转型时期（2010年至今）。时至今日，"产"与"教"已经实现了深度融合，我国职业教育也从以前的规模发展转为更加有深度的内在发展。至2015年，高职教育已经达到高等教育的41.2%③，发展形势一片大好。2010年，党中央、国务院颁布了《国家中长期教育改革和发展规划纲要（2010—2020年）》，明确指出要"实行工学结合、校企合作、顶岗实习的人才培养模式"，坚持"学校教育与职业培训并举"④。紧随其后，教育部印发了《中等职业教育改革创新行动计划（2010—2012年）》，其中提到了"以教产合作、校企一体和工学结合为改革方向"以及"教产合作与校企一体办学推进计划"⑤。2011年，国家财务部联合教育部共同开展了一系列以提高服务产业发展能力为目标的项目，着重指引专业建设为地区重点产业而服务。在国家经济发展方式及产业结构发生重大转型的影响下，党的十八届三中全会针对职业教育方针提出了"深入推进产教融合、校企合作"⑥的要求，并同时发布《关于加快发展现代职业教育的决定》，肯定了产教融合促进职业教育发展指导思想的重要地位。2019年7月24日，中国共产党中央全面深化改革委员会审议通过了《国家产教融合建设试点实施方案》，

---

① 中华人民共和国教育部. 教育部关于全面提高高等职业教育教学质量的若干意见 [EB/OL]. [2017-10-15]. http://old.moe.gov.cn//publicfiles/business/htmlfiles/moe/moe_1464/200704/21822.html.

② 杨占苍，魏进平，林艳书. 河北工业大学"工学并举"实现教育与经济共赢 [EB/OL]. [2017-10-15]. http://www.edu.cn/news_127/20080409/t20080409_289757_1.shtml

③ 高靓. 高等职业教育已成高等教育半壁江山 [EB/OL]. [2017-10-15]. http://www.sohu.com/a/86718269_117882.

④ 中华人民共和国教育部. 国家中长期教育改革和发展规划纲要（2010—2020年）[EB/OL]. [2017-10-15]. http://old.moe.gov.en//publicfiles/business/htmlfiles/moe/s4693/201407/xxgk_171904.html.

⑤ 中华人民共和国教育部. 中等职业教育改革创新行动计划（2010—2012年）[EB/OL]. [2017-10-15]. http://www.gov.cn/zwgk/2010-12/28/content_1774219.htm.

⑥ 孙丹. 十八届三中全会《决定》、公报、说明 [EB/OL]. [2017-10-15]. http://news.eastday.com/eastday/13news/node2/n4/n6/u7ail73782_K4.html.

提出"深化产教融合是推动教育优先发展、人才引领发展、产业创新发展的战略性举措"。

通过上文七个历史背景下产教融合思想出现、形成与发展可以看出，职业教育从"讲习与历练兼之"和"工学并举"的雏形阶段，历经中国新民主主义革命、新中国成立、改革开放和社会主义发展阶段，经历了"劳教结合""半工半读""校企合作"等模式的发展，体现了教育规划、教学模式和人才培养模式所遵循的基本原则，终于从"工学结合"的模型中蜕变出来，走出了一条"融产教于一体、校企深度合作"的道路，形成了以服务为宗旨、以就业为导向，服务于社会经济发展的现代职业教育。产教融合思想的形成对现代职业教育具有以下意义：

（1）从教育的价值观和社会功能来说，现代职业教育发展要紧密结合经济社会发展，为经济社会发展保驾护航。

（2）从教育本身来说，产教融合思想拓宽了教育与生产劳动和社会实践相结合的思路。

（3）产教融合思想大力倡导企业办学，这无疑是对当代教育发展的促进。

第二节　产教融合的基本内涵

虽然无论是国家还是学校，都在倡导产教融合的办学思想，然而未对产教融合的概念给出明确的定义。根据《汉字源流字典》中的描述可知，"产"作名词，指"产业、财产"[①]，是在社会专业分工的基础上，由利益相互联系但分工不同的相关行业形成的相对独立的物质生产部门或行业。产业分广义产业和狭义产业两种。根据传统社会主义经济学理论中的定义，广义产业指一切专门生产或制造某种独立产品的部门或提供劳务活动的集合体，包括卫生业、交通运输业、工业、农业等。狭义产业的涉及面显然要窄得多，有时候仅仅指工业。

一、产教融合的"教"

"教"在中国社会科学院语言研究所编修的《新华字典》（第 12 版）中的意思为"指导、教诲"。在"产教融合"一词中，"教"专指职业教育，即将与职业相关的专业知识、专业技能及职业道德传授给受教育者，着重培养他们的实践能力。所以在讨论产教融合的时候，一定要明白，产教的关系是指其他产业（除教育外）与职业教育之间的关系。为了便于讨论，下文将教育之外的其他产业称

---

① 谷衍奎.汉字源流字典[M].北京：语文出版社，2008.

为"其他产业部门"。

二、现代职业教育

根据《国务院关于加快发展现代职业教育的决定》（国发〔2014〕19号）文件，现代职业教育遵循的原则是政府推动、市场引导，加强顶层统筹和行业分类指导，服务经济社会发展和人的全面发展，以产业需求、职业标准、生产过程、职业资格证书、终身学习为导向，深化产教融合，强化校企协同育人、系统培养，引导普通本科高等学校转型发展，独立学院转设为独立设置高等学校时，鼓励其定位为应用技术类型高等学校，研究建立专业学位研究生培养模式，为学生提供多样化成才路径。目标是要形成一个产教深度融合、可以适应现代发展需求并且具有中国特色的高水平现代职业教育体系。更具体地讲，中职教育、高职教育及社会上随处可见的职业培训都属于职业教育。

2014年6月，查建中在《中国青年报》上刊文指出："现代职业教育的本质就是在进行职业教育的同时，做到满足学生对求职的需求以及产业和国家实践型人才的需求。"[1]

三、产教融合

以上对"现代产业"和"现代职业教育"的定义和阐释，为实现产教深度融合提供了一个可供参考的路径。不过，直到现在，学界也没有对产教融合的具体内涵做出一个明确的界定。以现存的相关资料来看，江苏无锡市技工学校首先提出了"产教融合化"，即"千方百计寻求与生产实习紧密结合的产品，以提高学生的质量意识、产品意识、时间观念及动手能力"[2]。然而，这里的"产"与"教"，仅仅指产品与实习教学，含义相对狭窄。2007年，施也频和陈斌在《产教融合特色办学》一文中，针对江苏南通理工学院的产教融合实践进行了介绍。可惜的是，全篇并未提及产教融合具体内涵的界定。2011年，教育部发表了《关于加快发展面向农村的职业教育的意见》（教职成〔2011〕13号），明确提出了"产教研三位一体与促进产教深度融合"[3]的要求。后来这一概念渐渐演变为产教融合。2013年11月，中共中央提出了《中共中央关于全面深化改革若干问题的决定》。

---

① 查建中.现代职业教育实质是面向职场的专业教育[N].中国青年报，2014-6-9（11）.

② 陈年友，周常青，吴祝平.产教融合的内涵与实现途径[J].中国高校科技，2014（8）：41.

③ 教育部，发改委，科学技术部等九部门.教育部等九部门关于加快发展面向农村的职业教育的意见[EB/OL].[2017-10-25].http://www.moe.edu.cn/srcsne/A07/s7055/2CH110/t20111025_171559.html

这一决定倡导"应当加速现代职业教育体系的建设，深化产教融合、校企合作，培养高素质劳动者和技能型人才"①。2015 年，教育部发表了《教育部关于深化职业教育教学改革全面提高人才培养质量的若干意见》（教职成〔2015〕6 号），用一个章节的篇幅描述了为实现产教深度融合，应当做到如下几点：

（1）校企紧密合作，共同创建实训基地等实践平台，把产业当作桥梁，使人才培养与岗位需求连接得更紧密。

（2）各职业院校积极向行业部门学习经验，与行业专家共同制定行业人才标准，虚心接受行业部门对人才培养方案、专业建设及教师水平培养方面的指导。

（3）把专业知识及职业素养等深刻融入课堂，积极改革课堂教学内容，使其与行业的最新成果接轨。与此用时，积极推行"双证书"制度，将课堂考核与职业技能鉴定同步进行。

（4）保障学生的实践课总时长占总课时时长的一半以上，把所有实习形式安排在学生的求学过程中，"在保障学生实习岗位与其专业相性一致的同时，要大力支持学生的创新创业实践活动"②。

以上四点突出了产教融合的建设机制就是要推进校企协同育人，为现代职业教育教学改革做出顶层设计和系统部署，提出了当前和今后一段时期内职业教育教学改革应遵循的指导思想和基本原则，明确了重点任务和政策措施。

因此，可以总结出，产教融合就是指职业学校根据市场产业和行业需求设置专业，把最新职业标准、行业标准和岗位规范融入相关专业教学，通过积极开展有效的实践教学，提高其人才培养质量，形成学校与企业浑然一体的办学模式。

四、产教融合与校企合作、仿真模拟、顶岗实习的不同

（一）产教融合与校企合作的不同

产教融合与校企合作在深度与广度上存在着很大差别。校企合作一般指的是"在微观层面上，具体的某所学校与企业发生教学与生产上的衔接与统一"③，即

---

① 新华社 . 中共中央关于全面深化改革若干问题的决定 [EB/OL].[2017-10-25].http://www.gov.cn/jrzg/2013-11/15/content_2528179.htm.

② 中华人民共和国教育部 . 教育部关于深化职业教育教学改革全面提高人才培养质量的若干意见 [EB/OL].[2017-10-26].http://www.moe.edu.cn/srcsite/A07/moe_953/201508/t20150817_200583.html.

③ 杨善江 . 产教融合：产业深度转型下现代职业教育发展的必由之路 [J]. 教育与职业，2014（33）：9.

在同一框架下，双方为完成某件事而进行合作，其结果就是"某某订单培养班"的出现。而产教融合的涉及面更深更广，指的是宏观层面的教育与产业对接。首先，官方部门要对产教融合做出指导性的顶层设计；其次，教育部门及其下属单位各院校与产业部门（含行业、企业）本着"以服务为宗旨，以就业为导向，以能力为本位"的原则，就办学体制和办学模式进行相互适配。二者的密切关系反映了经济社会产业结构转型升级的现实需要和现代职业教育改革内涵发展的合二为一。

校企合作由于仅仅对接某个企业，其教学标准的适用范围狭窄，一旦企业无法每年接收规模性的毕业生，或者企业所提供的待遇无法达到同行业平均水平，就会面临毕业生无法就业或者企业招不到所需人才的结构化矛盾，这种培养模式也就无法持续下去。

而产教融合不仅仅是一种合作，它本身带有一种互利与公益性质。一方面，学校可以为企业所需人才提供知识与技术方面的支持；另一方面，企业、行业为学校提供最新的行业标准、必要的设备，解决了学校面临的资金问题，提升了教育的品质。这样一来，双方便可通过这种融合，达到校企协同育人的目的。

（二）产教融合与仿真模拟的不同

产教融合不是简单地以仿真模拟为主或以单项技能为主的实训、实习，而是教学计划的组成部分，它要求学生在真实的工作环境中，在教师的指导下，有组织、有目的、有要求地实干真做。学习效果的考核评价以产品质量和成本效益为主要依据。同时，国家提倡多年的素质教育不再通过简单地开设课程来实现，而是在实战的项目中实现。

在仿真实训中，学生主要通过电脑完成工作，虽然这在一定程度上有助于培养学生的学习兴趣，增加学生的能动性，但这种方式并不能让学生深刻认识到在真正的生产中出现失误与故障的严重性。产教融合模式则可以避免这种情况。

（三）产教融合与顶岗实习的不同

一般情况下，顶岗实习是指在校生基本完成学业后，在毕业前一年，到专业对口的岗位带薪实习一段时间，完成一定的生产任务。从描述可以得知，顶岗实习一般发生在基本完成学业之后，产教融合则倡导要把所有实习形式安排在学生的求学过程中，即课上。在产教融合模式下，课堂与实习的联系更为紧密。

综上，产教融合是一个要求更高的教育模式，单凭院校自身的力量难以实现，所以需要一定的政策支持，从而实现深度的产教融合。

第三节　产教融合的发展轨迹

国际著名的产学合作教育模式（Cooperative Education）起源于美国，旨在解决教育与生产实践脱节的问题，已在全世界发展了 100 多年。这种教育模式与第一节所提到的半工半读教育模式有些相似。自 1957 年建校开始，加拿大滑铁卢大学便开始了这种模式，至今坚持了 60 余年。该校的学生从大一开始，便要经常在在校学习与顶岗实习之间切换。在顶岗实习中，他们首先要从最基本的文员做起，再一步一步向上攀登。这样做的结果是，学生在就业率和就业质量方面都取得了喜人的成绩。这种教学模式得到了著名企业家比尔·盖茨的高度称赞。而这种面向职场的合作教育，目前正是现代职业教育的模范化标杆，甚至已经成为发达国家高职教育的一大特点。

在国际上，这种具有产教融合特征的教育模式有如下发展轨迹。

一、德国：双元制职业教育

在双元制职业教育模式下，学校与企业共同担负起人才培养的职责，学校将按照企业的标准，对学生进行课堂教学与岗位指导。在这里接受双元制职业教育的学生同时拥有学生与职工双重身份，他们将学习专业理论与技能培训两方面的知识，同时接受两种教师的教导，使用两种教材。学生在上这两种课的时候，教学地点与教学内容也是不同的。作为职工的教学内容会完全按照企业上岗的标准与流程安排，力求还原最真实的生产性劳动。而这些教学内容也是阶梯性的，教师会根据学生的掌握情况逐渐增加教学深度。

二、法国：学徒培训中心

在学徒培训中心，学徒要与企业签订一份培训合同，企业不仅要保证培训系统的完善，还要向学徒支付相应的工资；教学采用学工结合模式，理论课在培训中心进行，实践课则由对应的师傅带学生去企业实习；而国家也要起到保障学生受教育义务以及为学徒培训中心提供一定补偿的作用。

三、澳大利亚：新学徒制

与法国的学徒培训中心一样，新学徒制下的学生也要与企业签订一份培训合同，且这份培训合同要在相关的地区注册。为了保障这种制度的稳定发展，澳大利亚设立了300多所由政府资助的新学徒制培训服务中心。该服务中心将面向大众免费提供服务，帮助企业与学徒双方达成培训合作。

四、日本：企业教育

在日本，政府同样非常重视面向职业的教育。例如，丰田公司创办了丰田工业大学，松下公司创建了松下电器工学院。日本的大多数企业都在实行企业内教育。

五、美国：学工交替式

在实行学工交替模式的大学里，学生自入学后的半年起，每两个月便要进行课堂学习与企业实践的轮换，一直到毕业前的半年为止。这种教学模式中，办学以学校为主导，学校根据所开设的专业，联系对应的企业送学生去实习。在实习过程中，企业将为学生提供一定的酬劳，并且派专门人员指导学生进行操作，帮助学生学习相应的职业技能。学校和企业将共同对学生的成绩进行评定，对学生的日常成绩、劳动态度、工作完成情况进行综合打分。而在实习阶段，教师也要参与进来，监督学生的劳动，帮助校企双方沟通。

六、英国："三明治"式

"三明治"模式是比较形象的说法，具体包括"2＋1＋1"式与"1＋3＋1"式。前者是指在校学习两年，第三年去企业实习，最后一年再回到学校学习、考核、取得毕业证书；后者是指第一年在企业实习，第二年至第四年回到学校学习，最后一年再去企业实习。除此之外，还有一种短期工学交替制，交替的时限通常为半年。企业一般从以下几个方面参与教育的合作：企业主直接在教育关键机构中任职；企业主直接出任学校领导；企业参与人才标准的制定；企业参与学生成绩的评定；企业为学校提供各方面的资金；企业为学校提供实训场地，学校则根据企业乃至社会的需求开设相应的专业，并且按照其吸纳人才的标准，为学生提供教学与考核。

观察以上几种模式可以得出，职教发展良好的国家有以下特点：

（1）相关法律完善。

（2）政府能够提供财政方面的支持。

（3）企业全程参与。

（4）实行就业资格准入。

笔者将国外产教融合、校企合作研究模式概括为三种：

第一，企业主导模式，包括德国的双元制、日本的企业教育。这类模式的核心在企业，主要以培养合格的上岗人才为目标。

第二，校企并重模式，包括美国的学工交替式、英国的"三明治"式。这类模式的特点是劳动与教学结合，值得我国借鉴。

第三，学校主导模式，包括法国的学徒培训中心、澳大利亚的新学徒制。这类模式的核心在学校，更偏向培养学生的综合能力。

在对国外高校产教融合轨迹进行研究的同时，还要注意其在具体实施中的效果。例如，在德国的双元制中，企业对学校的影响过大，一旦企业倒闭，学校将面临进退两难的局面。

第四节 中国高职院校教育与产教融合的政策演变

职业教育制度的演变受主体、环境、内生变量和外生变量四个因素的影响。这四个因素可以共同或单独发挥作用，从而引起职业教育制度的演变和演化。

根据演变主体不同，演变制度可以分为强制演变与诱导性演变两种。强制演变的主体是政府，是一种从高到低的演变模式。始终围绕着以政府为主导且与经济社会发展相适应的演变逻辑。新中国成立后，我国实行计划经济制度，在百业待兴、需要大量劳动人员的情势下，政府出台了各项政策，主张以半工半读等形式培养职业技能人员。改革开放后，随着经济体制向市场的调整转变，我国政策始终把职业教育产教融合与经济发展、产业发展密切结合。从计划经济向市场经济过渡时期的联合办学，到社会主义市场经济体制建设时期的产教融合宏观政策，到全面建设小康社会开展阶段的产教深度结合的微观政策，再到全面建成小康社会发展阶段进入新时代产业转型的产教融合政策，在不同的社会和经济发展阶段，职业教育产业融合政策始终以政府为主导，紧紧围绕服务经济发展、促进产业转型而演变。当前，我国经济发展进入新时代，面临着经济结构调整和产业升级转型的挑战，各行各业特别是新兴产业需要高素质技术技能型人才，但目前人才的供给无法契合快速发展的产业人才需求。因此，近年来出台的相关职业教育产教融合政策越来越倾向于强调协同育人的方法开展探索与实践。

引起职业教育产教融合政策演变的外生变量包括经济体制、政治体制和社会文化等方面。

首先，经济体制调整是产教融合政策演变的决定性因素。新中国成立以来，随着计划经济体制向市场经济体制转变，市场作为教育资源的配置手段逐渐受到重视，职业教育的各参与主体的生存环境发生了较大变化。政府不再直接干预职业学校和产业部门的活动，开始下放办学权力。产业部门可以根据自身发展开发教育市场，选择匹配的教育合作对象。各职业学校被纳入自主办学的主体，但也失去了政府和产业的有效支持，导致职业学校参与职业教育的积极性受到影响，职业教育与产业发展逐渐脱节。为了缓解市场失灵带来的产教分离矛盾，职业教育产教融合政策的内涵和手段也随之调整，完善政策支持体系，更加注重政策的操作性并关注实施层面，着力构建教育和产业统筹融合的发展格局。

其次，经济领域的变革促使政府职能逐步由高度集权管理向分权治理转变，政府对高职教育的管理由控制向合作过渡；与此同时，职业教育产教融合、校企合作、工学结合的要求也频繁出现在政府文件中。

最后，产教融合政策的演变会受社会人文的影响。随着社会经济发展和教育水平的提高，我国社会对职业教育的观念也有所变化。随着德国的双元制、美国的合作教育、英国的工学交替、澳大利亚的新学徒制等职业教育人才培养模式引入我国，教育组织群体开始重视职业教育，积极探索我国的职业教育之路。但在我国，"重学轻术""劳心者治人，劳力者治于人"等传统观念与价值取向尚未完全改变，社会对职业教育的接受程度不高，认为职业教育只是考不上好学校的学生的无奈选择，职业教育发展之路任重道远。这也是政府在不同时期出台提高职业教育地位的相关政策的原因。

职业教育产教融合政策的演变并不是随意进行的，不仅受经济体制、政治体制和社会文化等外生变量的影响，各参与主体之间的内部利益诉求同样推动着政策的演变。职业教育的主体由三部分组成，分别是政府、产业和学校。从政府的角度看，应当适当将权力下放给产业和学校，采取创新型监督方式。为了逐渐转变原先政府全能型的角色，我国需要不断改革和推出新的政策去规划、协调和监管职业教育市场资源，明确各参与主体的地位、责任和支持力度，促进其自主发展，畅通各方协同育人渠道。职业院校和产业部门的发展有着千丝万缕的联系。在新时代背景下，若想实现经济的发展，就要依托产业的发展与人才的培养，而人才的培养要靠教育方面的努力。为了让人才的供给量能够达到社会的需求，职业院校和产业部门在人才培养各环节需要实现深度融合和精准对接。所以，政府需要针对此出台一些鼓励性的政策，调动职业院校和产业部门的积极性，保证其作用的发挥。

综上所述，主体、环境、内生变量和外生变量这四个因素在产教融合制度演变中起着重要作用。这些因素单独或相互作用，冲击着原有的制度安排，打破制度的均衡，从而引起产教融合制度的演变。

第二章　高职专业英语的概念界定与教学实践

第一章详细介绍了产教融合，下面笔者将以此为前提，对高职专业英语的概念界定与教学实践进行探讨。

第一节　高职专门用途英语概述

一、专门用途英语的形成与发展

专门用途英语（English for Special Purposes，ESP）源于第二次世界大战后（20世纪60年代）的欧洲，当时西方国家的科技迎来了迅猛发展，英语成为当时各国交流时最常使用的语言。人们学习英语不仅是为了完成教育教学规定的相关任务，还因为英语早已与自身的就业、职业产生了紧密联系。为了最大限度地满足不同学习者的多种学习需求，20世纪80年代，国内外先后出现了商务英语、法律英语、计算机英语等。很多高校相应地设置了很多"语言＋专业"模式的学科。在这个过程中，专门用途英语诞生了。可以说，专门用途英语并不是一个原本就设定好的概念，也不是凭空创造出来的，而是在社会发展的过程中，根据人们需求诞生的历史必然产物。

二、专门用途英语的分类

根据使用领域不同，专门用途英语可分为科技英语（English for Science & Technology）、经贸英语（English for Business & Economics）和社科英语（English for Social Science）三类。根据使用者目的的不同，专门用途英语可以分为职业英语（English for Occupational Purposes）和学术用途英语（English for Academic Purposes）两类。而站在英语学习对象的角度来看，专门用途英语还可分为职业英语、学术教育英语（English for Educational Purposes）和科技英语（English for Science and Technology）三类。其中，职业英语针对的是在工作过程中需要使用英语的人员，学术教育英语针对的是大学非英语专业的学生，而科技英语针对的是在科学技术研究中使用英语的科技人员。

其实，不管专门用途英语划分的标准是什么，划分的具体内容是什么，人们几乎无一例外地认为专门用途英语里的"专门"指的是目的，而非语言本身。专门用途英语具有如下两个特征。

（1）学习者的学习目标十分明确，即以特定的职业为出发点，获得在某学科、某行业对英语的使用能力。

（2）学习者学习的内容偏向专业化，即教学内容为专业知识与专门技能的总和。

专门用途英语的这两个特征是相互联系、互相影响的。学习者的学习目的决定着其学习内容的专业化，而学习内容的专业化有助于学习者学习目的的实现。这给专门用途英语教学带来了新的挑战。因此，教师在教导学生的同时，要以学生为中心，关注他们的实际需求。

第二节　高职商务英语概述

一、国内商务英语的基本概念

随着商业活动在全球发展壮大，商务英语（Business English）在全球逐渐兴起，其所包含的内容也在日益丰富。商务概念十分广泛，包括经贸、管理、法律等一切与商务相关的领域。

在国内，我们认为，商务英语是一门自带语言特征的学科，是英语的一种带有功能属性的变体，是一个带有实践性质的独特领域。纵观商务英语在我国的发展史，不难看出，国内商务英语教学是在中国特色商务领域下，根据学习者需求所进行的专门用途英语教学。

如今，人们学习英语的目的、方法、手段等比以往任何时候都更呈现出多元化的态势。商务英语的学习者在目标方面更为明确，对效率的要求更高。然而，无法否认的是，在我国，目前从事国际商务的商务英语人才基本上以英语专业人才或英语专业的商务英语学习者为主。他们语言基础很好，但并不具备相关的专业知识，或即便了解也是皮毛。商务英语并不是简单的英语，它是英语、商务、交际等学科的综合体。为此，在学习英语或商务英语的过程中，加强商务英语学习者的专业知识、操作技能、职业素养和沟通能力，是培养复合式和应用型人才的关键，这也是当前高职商务英语专业人才培养的"瓶颈"。

二、商务英语的构成要素

学习商务英语的目的是适应职场生活的语言要求。商务英语课程主要包括商务知识、商务背景下应用的语言及商务交际。

简言之，商务英语就是普通英语与商务行业英语的总和。因此，商务英语的专业属性始终离不开英语语言学的范畴，换言之，商务英语是其他商务学科的"工具"。作为高职教育的重要组成部分，商务英语在教育教学过程中应当包含以下几大要素。

（一）英语语言的学习

商务英语离不开其语言的本质，所以学习者在学习商务英语的时候，离不开对英语语言的学习。而英语教学的目的在于让学生学会一定的英语基础知识，并拥有一定的听、说、读、写、译能力，能够在词典的辅助下，对英语资料进行解读，并且具备一定程度的口头与书面表达能力。

但是，客观来说，目前我国的高职院校英语学习开展得并非一帆风顺，不少学生的英语能力比较薄弱。与此同时，近年来，随着我国高职教育的迅猛发展，很多高职学校扩大了招生对象和招生地域，使得入学新生的英语水平参差不齐，给商务英语教学带来了更大的挑战。这样的例子在我国当前高职院校英语专业的学生里并不少见。当然，很多学生后来都能通过自身努力和教师的良好教育与教学迎头赶上，成为专业学习中的佼佼者。无论何时，商务英语人才的英语能力都是决定其职业成败的关键。如果没有打牢基础，他们就失去了继续发展的能力。因此，商务英语教学绝对不能小觑或忽视学生对基础英语知识的掌握。在课程设置、课堂教学与日常实训、实习中，学校要以培养学生具有"较宽的英汉语言文化知识面，扎实的英语听、说、读、写、译的基本功，以适应终身教育与学习化社会发展的需要"为目标进行落实与实践，最大限度地提高学生的语言交际能力。

（二）商务语言的学习

商务英语是商务环境中英语语言的表达。与普通英语不同，商务英语是应用性语言，强调的是商务沟通能力，追求的是用最准确、最清晰的商务语言与他人进行有效的沟通和交流。因此，商务英语除了具备传载信息这一一般语言功能外，还有其独特的行业特征，并涉及相关商务领域的特定的词汇、句型、篇章等。譬如"order"一词在普通英语中被理解为"秩序、次序"，而在商务英语中是"订单"的意思。这样的例子有很多，所以在日常商务英语教学中，教师一定不能忽视对学生商务英语词汇的传授。除此之外，商务英语与普通英语在文体上的差异性更显而易见。如果根据所涵盖的知识领域对商务英语进行详细区分，可以将商务英语文体分为广告文体、契约文体、信函文体、教范文体、商务公文文体、商务学术文体、营销文体七种，均属于客观描述类文体。商务英语的这一特性必然要求商务英语专业教师及学生在商务英语教学与学习过程中要有相应的文体意识，只有这样，学生才能在实际的商务环境中运用所学知识，恰当、得体地处理与解决问题，譬如拟定一份完整、准确的商务合同，或友好、成功地与国外客户进行谈判报价。只有在真实的商务情景中引导学生学习地道的表达方式并加以灵活运用，才能帮助他们逐渐建立起庞大而复杂的商务知识结构，让他们能够在现实场景下做到游刃有余、从容应对。

（三）商务知识与操作技能的学习

商务英语是一门由国际商务学科与英语学科结合而成的交叉型应用学科。如果教师只是把教学重点放在语言学习层面，势必会导致学生商务信息储备不足。与普通英语不同，商务英语要求英语语言知识与商业专业知识的完全契合，它比普通英语更加注重实用性。

然而，我国的高职院校经常以大学英语等级考试通过率为标准，考核学生的专业绩效，评定教师的教学质量、学生的学习效果等，而对与商务英语专业密切相关的一些资格证书并不关心。这些资格证书具有商务特色，教师应鼓励学生考取这些证书，有利于营造商务英语的学习氛围，提高学生的核心竞争力。

众所周知，商务知识内涵非常广泛，金融、外贸、财务、营销、服务与管理都在其中。因此，教师在开展商务英语教学时，首先应该明确学生的专业化程度及未来的职业需要，以此为依据开展各项活动。同时，商务知识包含很多商务管理与操作技能，譬如如何用中英文撰写询盘、报盘文书，如何填写及制作常用商务单证、海关报关、机场接待。如果教师在教学中只是采取"填鸭"的方式向学生"灌输"商务英语知识，学生是很难真正理解这些知识的。

（四）沟通技能的学习与跨文化交际能力的提升

高职专业英语的目的就是要培养一批能够从事国际商业沟通的综合型人才，这要求学生在具备过硬的知识水平的同时，具有极强的沟通能力，尤其是跨文化沟通能力。

一般情况下，沟通分为语言沟通与非语言沟通两种。语言沟通可以解释为借用语言行为来达到沟通的目的；而非语言沟通则指借用语言之外的行为来实现的一种沟通，如肢体动作。如果进一步细化，非语言信息包括身体动作或身势语（Body Movements or Body Language）、姿势（Posture）、手势（Gesture）、外表与服饰（Appearance and Clothing）、面部表情（Facial Expressions）、目视行为（Eye Contact and Gaze）、触摸（Touch）、气味（Smell），以及副语言（Paralanguage）和个人与环境结合所产生的信息，包括空间与距离（Space and Distance）、时间（Time）及沉默（Silence）等。这些看起来十分简单的非言语行为其实包含着强大的文化气息。以着装为例，正式的着装可以表达"尊重"的含义，而轻松活泼的着装则可表达"亲近"的含义。在不同场合下，着装是一门学问，既展现了一个人的修养，也反映了一个民族的文化。

另外，不同国家习俗所赋予非语言行为的含义是不同的，只有在充分了解西方文化的前提下，才能更加顺利、友好地进行沟通，否则会在处理国际事务的过程中，为沟通增加阻碍，导致商务活动的失败。比如，在我国，用手指比出"V"字手势，代表"我很好，一切妥当"，但是在澳大利亚，"V"字手势则带有侮辱的意味。由于这种差异的客观存在，跨文化交际能力已经成为我国对外交往时的必备能力之一。高职商务英语教师必须在课堂上通过一些吸引人的具体事件来为学生介绍此类文化现象，帮助学生在学习商务知识与英语知识的同时，提高沟通水平与跨文化交际能力。这样才能培养出符合产业与社会需求的合格人才。

（五）职业素质的培养

最近几年，社会越来越注重对高职人才的职业素质培养。在专业调研中，很多企业高管都会提出"录用的高职生在技能上并不差，但在职业素养上有所欠缺"这一问题，同时友善地提出"希望学院能注重培养学生的综合素质、诚信意识、敬业精神、团队精神和责任意识"等建议。2011年9月，教育部出台《关于推进高等职业教育改革创新　引领职业教育科学发展的若干意见》（〔2011〕12号文件），提出要着重关注学生职业素质的培养。为了使自己的学生在激烈的市场竞争中脱颖而出，从而提升学校品牌的影响力，高职院校必须从高职教育持续发展的高度来看待学生的职业素养培养。学生的职业素养包括人文素养、技术素养、职业道德等诸多层面。然而，由于种种因素，目前我国高职院校对于学生职业素养的教育普遍局限在思想道德、科学文化与艺术等课程的教学上，这显然是不够的。

我国高等职业教育的目的就是为了培养出能够符合产业及社会需求的德、智、体、美、劳全面发展的综合型人才。显然，德的培养在其中是十分重要的。作为高等职业教育的一个重要学科，商务英语自然也要围绕"人的和谐发展"这个宏观教育目标来建设。国际商务英语意味着用英语进行商务活动，其中必然涉及前面提及的商务知识、民族文化及不同文化背景下的商务操作流程和惯例。但这只是最基础的商务英语知识层面内容。在实际的商务活动中，一个人的胆识、修养、个人素质将起到非常大的主导作用，甚至决定所沟通事务的成败。

在培养人才的过程中，如果只是一味地重视技能训练而忽视职业素质的培养，将导致学生就业能力低下，最终造成高职学生素质的整体滑坡。所以高职商务英语教师除了要强化学生的职业技能培训和相关资格证书的考取，还要切实有效地培养学生的职业素养，帮助他们树立正确的世界观、人生观与价值观。另外，第二课堂的开辟，如举办各种比赛，开设人文讲堂，开展工学交替与企业参观、实习，在延伸英语课堂教学的同时，能为高职学生个体的兴趣、爱好、人际交往、职业能力等搭建积极自主创新、自我成才的锻炼平台，引导学生在广阔的社会课堂中激发专业兴趣，巩固专业思想，增强职业技能，提高职业素质。

第三节　高职专业英语教学理论基础与教学基本原则

一、高职专业英语教学理论基础

面对高职教学改革的不断深入及素质教育的全面推进，高职英语教师必须熟知基本的外语教学理论，充分利用好相关的教学理论，对高职英语的教与学进行更深入的研究，从而推动高职英语教学改革的不断深化和教学质量的不断提高。下面是一些在高职英语教学改革中应用比较广泛的英语教学基础理论。

（一）认知语言学理论

自 20 世纪 90 年代以来，认知语言学在我国得到了快速的发展，并对第二语言的习得和教学等诸多领域产生了广泛影响。认知语言学的主要概念和研究对象包括理想化认知模型、基本范畴、原型、图式、辐射范畴等，其中被应用于英语教学的主要有基本范畴、隐喻认知结构、图式理论等。

1. 基本范畴

客观存在的事物有其不同的特点，可谓缤纷繁杂，人们若要对它们进行记忆，就要先对这些事物加以判断、区分。在区分的过程中，形成了许多范畴。在同一范畴下，总有某些事物能够更轻松地被人类所感知，那么这一范畴就被称为"基本范畴"。基本范畴有以下特点：

（1）成员特征明显，能够与其他事物明确区分。

（2）拥有能够迅速识别的特征。

（3）首先被认识、命名、掌握和记忆。

（4）使用了最简洁明了、出现频率最高的中性词。

在词汇教学中，教师应该把基本范畴词汇的教学放在其他词汇教学的前面，这样一来，学生在学习经常作为词典定义的基础词汇之后，再学习其他词汇会更有效率。

2. 隐喻认知结构

隐喻不仅是一种语言上的修辞手法，还是人们用来了解、认知、思考与表达的一种认知思维方式。它是人类思维的基础特征，在很大程度上成为人类概念系统的构建方式。

词语的隐喻意义一般分为两种：一种是人们约定俗成的隐喻意义，另一种是为了顺应生活而随机应变产生的。在英语词汇教学中，教师可以引导学生将词汇的隐喻与表层意思联系起来，强化其隐喻思维，进而理解其他国家人民的思维方式，最终实现理解并掌握语言形式背后概念的目的。

3. 图式理论

图式理论是指人类曾经获得知识的存储方式，是对过去经验的一种反应，是学习者储存在记忆中的已有信息对新信息发生作用，并将这些新信息加工储存到学习者大脑的过程。图式是一种储存于大脑的抽象的包含空档的知识结构。每个组成成分构成一个空档，当图式的空档被学习者新接收的具体信息填充时，图式便实现了。

（二）结构主义语言学理论

1. 美国结构主义语言学

美国语言学家通过研究没有书面形式的美洲原住民的口头语言创立了结构主义。首先，美国语言学家试图用语言符号记录美国美洲原住民所说的话。语言学家分析他们收集的口语样本，研究其结构和特点。后来，美国结构主义语言学家对英语和其他印欧语系进行了一系列的描述性研究。

根据结构主义语言学家的观点，语言是一个编码意义的系统。语言系统由音素、语素、词汇、结构和句型组成。语言系统主要包括音位系统、语素系统和句法系统。

（1）音位系统，主要描写音位、音位变异和音位组合的规律，描写连贯话语中的同化、省略、弱化、连读、重音、语调等语音现象。

（2）语素系统，主要描写语素、语素变体、自由语素和附着语素的组成和结构。

（3）句法系统，主要描写词、短语、直接成分和句型的分类。结构主义语言学家在分析和研究语言的过程中发现，语言具有独特的结构，不同的语言具有不同的音位系统、语素系统和句法系统。不同的语言在音素系统、语素系统和句法系统中有不同的成分和结构。基于语言差异，结构主义语言学家指出母语可以干扰外语学习。当一门外语的结构与母语的结构不同时，学习者就会出现学习困难和错误；如果母语和外语具有相同的结构，就不容易出现学习困难。因此，在英语教学中，教师应该努力分析和解决两种语言的差异。

2. 英国结构主义语言学

对语言结构尤其是句型结构研究获得显著成果的当属英国语言学家。帕尔默（H. Palmer）、霍恩比（A. S. Hornby）是英国结构主义语言学的主要代表，他们从 20 世纪 20 年代开始共同分析、总结主要的英语语法结构，并将它们归纳成一定的句型。

英国结构主义语言学家的研究更加注重语言结构和结构使用情景之间的关系，这与美国结构主义语言学家研究的内容完全不同。20 世纪 40 年代，英国出现了结构主义伦敦学派，代表人物有马林诺夫斯基（B. Malinowski）和弗斯（J. R. Firth）。马林诺夫斯基认为，应把语境看成语言活动的自然环境。在马林诺夫斯基研究成果的基础上，弗斯指出必须在不同的语境下对语言各个层面进行研究。他还指出："语境有三个特点，即参与者的特点、相关目的和语言行为的效果。"

（三）乔姆斯基的语言学理论

乔姆斯基（Chomsky）的理论在语言学界拥有不可替代的作用，凸显了内部语言研究的重要性。乔姆斯基的理论被称为"转换生成语"。他认为语言是一种行为，和其他人类行为一样受规则支配；利用语言规则，人们可以用有限的语言单位构造无限数量的复杂句子。学习者不是通过学习一个特定的句子来学习语言，而是通过使用规则来创造和理解新的句子。规律性和创造性是语言的两个重要特征。语言的生成过程是从深层结构到表层结构的转换过程，按照一定的转换规则进行。不同语言之间的差异在一定程度上可以归因于参数设置的不同。

乔姆斯基的语言学理论对外语教学有着较大影响，不但影响了课堂教学方法的应用、教材的编写，而且影响了语言测试的设计。20 世纪六七十年代，语言教学法在乔姆斯基语言学理论的影响下有了新的发展，这一发展被视为认知法的诞生。

（四）海姆斯的交际能力理论

海姆斯（D. H. Hymes）是交际能力理论的代表。他认为，儿童习得母语的最佳环境是经历一个社会化的过程，这样他们不但可以熟悉本族语的习惯并说出符合语法的句子，而且可以在不同场合恰当地使用语言。海姆斯的交际能力主要体现在以下几个方面：

（1）在使用语言的时候更为得体。

（2）能够判断语言形式的可行性。

（3）能根据语法组织正确的句子。

（4）知道在实际生活中什么话可以说，什么话不能说。

他还着重指明，交际能力不仅包括词汇、语法的正确性，还包括在社交场合的语言符合社交礼仪。

二、高职专业英语教学基本原则

（一）学生中心原则

高职英语教学首先要遵守以学生为中心的原则。在高职英语教学中，以学生为中心是指教师要肯定学生的主体地位，在设计教学模块时遵循学生的思维模式和成长规律。以学生为中心，就是要让教师在教学过程中把一切的教学重心都投到学生身上。教师必须在充分了解和分析学生的英语基础、学习需求和学习心理的基础上，选择适当的教学策略和方法，注重发挥学生的主体作用，指导并帮助学生实现意义的建构，达到学习目标。

在教学过程中，教师应注意以下两点。

1. 精心设计教学方案

为了实现教学活动的顺利展开及教学目标的实现，教师要在设计教案时多费一些心思。首先，教师要根据学生现有的学习基础，设计与之对应的教学任务与目标，切不可原地踏步，更不可操之过急。其次，教师要根据教学目标，精选教学内容，认真选择适当的教材，确保教材内容符合学生的实际学习需求，并根据学生的学习情况及时调整和优化调整教学内容。最后，教师要认真备课，在课前了解学生、研究教材，精心准备教学内容，细化设计教学流程，确保课堂教学按计划有序开展。

2. 科学选用教学方法

教师要对学生的学习基础、学习习惯及学习心理有一定程度的了解，并且在教学中采取适当的方法与手段，提高他们学习英语的兴趣，从而提升他们的学习能力。教师要针对不同的学习内容采取不同的教学手段，将课堂浓缩，提高教学效率。教师要重视自己的引导作用，在学生遇到困难的时候，要给予鼓励和帮助；在学生克服困难，取得进步的时候，要给予学生表扬与鼓励，增强他们的自信心，形成有效的正反馈，从而收获良好的教学成果。

（二）激发兴趣原则

兴趣是促进学生持续学习的最大动力，英语学习兴趣在很大程度上决定着学生能否在英语学习中取得成功。许多高职学生的英语基础薄弱、学习能力差，但他们对外语和外国文化有强烈的好奇心。传统教学中教师教学观念的偏差、教学方法的不当、教学评价的不合理，是造成许多学生对英语学习失去兴趣、英语能力得不到提高的原因。所以必须从源头入手，提高高职英语教学质量，增强学生的学习欲望。在技法兴趣方面，教师应尝试以下几点。

1. 主动发掘兴趣

教师要主动了解学生的兴趣，并据此设计课堂，要发现和挖掘英语教学内容中的兴趣点，使每节课都有新鲜感，从而最大限度地调动学生的学习积极性，不断提升学生的学习效果。

2. 及时给予鼓励

保持学生的学习兴趣在很大程度上受学习效果和成就感的影响。因此，高职院校英语教师应善于发现学生的优点，及时给予鼓励和表扬。

3. 加强师生交流

开朗活泼、风趣渊博的教师更受学生欢迎。学生喜欢教师，往往也会喜欢上教师的课。因此，高职英语教师应加强与学生的交流。

4. 创新教学方法

创新教学方法不仅有利于激发学生学习英语的兴趣，还有利于培养学生的思维能力、英语综合应用能力和自主学习能力。良好的学习效果会进一步激发学生的学习兴趣，增强他们的自信心。高职英语教师应创新教学方法，优化教学程序，从而使教学事半功倍。

5. 优化评价办法

在高职英语教学评价中要强化形成性评价的应用，这样可以使学生摆脱传统应试教育的负面影响，引导学生更加注重学习过程，体会每一次进步的成就感和学习乐趣，激发他们主动学习的热情，使他们更加主动地学习，从而真正提高英语课程的学习成效。

（三）灵活教学原则

语言是一个充满活力、不断发展的开放性系统。高职英语教学是一个系统工程，涉及教师、学生、教学内容、教学方法和教学过程多个方面。为了更好地因材施教，提高学生的英语应用能力，高职英语教学必须遵循灵活性原则，教师应根据学生的实际情况，及时调整和运用灵活的教法、学法和教学组织形式。

1. 灵活运用教学方法

教师在英语教学中，要结合语音、词汇、语法等语言知识学习和听、说、读、写、译等语言技能训练的实际情况，根据不同的教学对象、教学内容、教学情景的具体特点，灵活采用最适合的教学方法，以确保教学的针对性和实效性。

2. 引导学生灵活学习英语

学生取得学习突破性进展的方法之一是进行针对性的学习。每个学生的理解能力和学习方式都是不一样的，所以教师对学生的学习指导显得格外重要。教师要引导学生积极探索合乎英语语言学习规律、符合学生心理特点和语言基础的自主性学习方法，使学生能够自我导向、自我激励、自我监控、自我诊断、自主发展，优化和完善学习方法，并在不断的探索和总结中提高学习效率。

3. 营造灵活应用英语氛围

学习英语是为了能够与他人沟通交流。教师要尽可能多地创设英语学习环境，通过自身经常灵活使用英语的教学常态，带动并影响学生经常使用英语。教师在课堂上要尽可能多地使用英语，给学生营造语境，让他们了解英语是一种"活"的语言。此外，教师应该通过布置灵活性的作业和安排英语角等课后英语活动，为学生提供灵活使用英语的机会。

（四）教学交际化原则

语言是一种交流工具，人们主要通过语言交流思想和信息。学习英语的主要目的是学习英语交流。在英语教学过程中，教师应遵循沟通原则，培养学生在不同情境下与不同对象进行有效交际的能力。为培养学生在语言教学中的交际能力，教师应做到以下几点。

1. 正确认识英语教学的本质

英语教学是培养学生英语听、说、读、写、译技能的课程。在教学过程中，教学、学习和使用三个方面是一个互补的有机整体。教师应该转变教学观念，正确认识课程的本质，贯彻英语教学的交际性原则，在教学中拓展英语交际活动，加强使用英语的力度。

2. 将英语教学交际化

首先要明确一点，英语是一种交流工具。英语教学的目的是培养学生运用英语沟通的技巧。英语教学的交际化原则要求教师与学生把英语作为课堂上的交流工具来使用，且教学活动必须与英语交流相结合。在英语教学中，教师应积极模拟英语交际场景，开展各种语言练习，使学生有兴趣、有效率地学习，增强英语交流能力。

3. 教学活动应贴近生活

由于英语语言交际不能脱离现实生活而存在，所以英语教学内容的选择和教学活动的设计必须和学生的生活相联系。在英语教学中，教师应把英语学习内容与学生关心的课题结合起来，为学生提供数量充足、主题广泛、内容丰富、贴近生活、容易引起学生共鸣的语言交流信息资料，激发学生的学习兴趣，同时，鼓励学生认识到学习英语的目的是交流，以提高学生的英语交流能力。

4. 教学中创设交际情景

要使学生获得使用英语进行有效交际的能力，做到在适当的地点和时间，以适当的方式向适当的人讲适当的话，教师要在英语教学中积极创设真实的交际情景，使师生身临其境，共同完成各种教学活动，以此来提高学生的英语应用能力。情景包括时间、地点、参与者、沟通方式、讨论的主题等。在特定情况下，某些因素，如演讲者的时间、地点和身份，对演讲者的演讲内容、语气等有限制性影响。因此，在英语教学中，教师应把教学内容置于语境之下，使学生充分理解每句话在实际情景下的含义。这就要求教师能够在英语教学活动设计中充分整合教材内容，运用各种教具创设场景，设计和开展各种以目标为导向的交流活动，完成相关的交流目标。

（五）情感教育原则

鉴于高职学生的英语学习基础、学习能力、学习习惯和内心特点的独特性，教师在英语教学中不仅要关注教学的针对性和灵活性，还要关注学生的情感，加强师生交流，使学生专注学习，形成良好的学习氛围，提高学习效果。教师在教学过程中要密切关怀学生情感，做到以下几点。

1. 创建良好的教学环境

（1）建立良好的师生关系。教师应注意保持慷慨、友好、平易近人，维持自己好老师的形象，逐渐成为学生的榜样。指导教师不仅是学生学习上的好帮手，还是他们生活上的好朋友。教师应及时发现学生在学习过程中遇到的问题，并给予耐心指导，帮助学生克服困难，建立信心。教师还应了解学生的思维倾向与困惑，及时为他们提供指导帮助。

（2）营造愉悦的学习氛围。学习兴趣不仅可以转化为稳定的学习动力，而且可以激发学生的智慧，开发学生的潜力，提高学生的学习效率。教师在教学过程中要注意营造轻松愉快的学习氛围，培养学生学习英语的兴趣和自信，促进学生身心健康发展。

2. 培养学生形成积极的情感

（1）及时解决情感问题。在平时的英语教学中，教师要注意融入积极的情感态度的培养，针对学生在学习过程中出现的具体情感问题进行有针对性的引导，帮助学生及时解决情感态度方面的问题，提升学生英语学习的专注度和学习效率。

（2）建立情感沟通渠道。在英语教学中，教师要创造和谐、民主、团结、相互尊重的课堂教学氛围，建设好教师和学生之间的沟通桥梁。在和学生进行情感交流的过程中，教师应注意尊重学生的感受，避免伤害学生的自尊心；同时，要仔细观察、理解学生的情感态度，培养学生的积极情绪，让他们的人格朝着阳光的方向发展。

第四节　高职专业英语教学与产教融合的实践现状分析

一、高职专业英语教学的现状分析

（一）高职英语专业设置

我国高等职业教育独立设置的高职高专院校数量从 1998 年的 386 所迅速增加到 2005 年的 1 200 所，其中职业技术学院 872 所，占全国普通高校总数的 60.5%。招生人数也从 43 万增加到 237.43 万，在校生人数从 117 万增加到 596 万，分别占全国普通高校招生人数的 53.1% 和在校生人数的 44.7%。此外，有 600 多所普通本科学校举办高等职业教育，基本形成了各市（州、盟）设立至少 1 所高职院校的模式，成为与地方经济发展和人民利益最直接、最密切联系的高等教育办学机构，为当地经济发展打下了良好的文化、科学和技术基础。

高等职业教育培养具有必要的理论知识和较强的实践能力，在生产、服务、管理第一线从事实际工作的高级技术人才。这类人才应具有较强的社会适应能力、广博的知识面、全面的职业技能、一定的执行任务的创新能力、较强的应用开发能力、积极的职业态度等素质特征。因此，高等职业教育需要有正确的专业设置。

总体来看，我国高等教育的专业是按学科分类和职业岗位（群）来设置的，它反映出社会、经济和科技对人才的需要。专业设置主要遵循以下基本原则。

（1）适应社会主义现代化建设对人才的需求。

（2）适应科技发展是大势所趋。

（3）符合人才培养规律。

作为高等教育的一个组成部分，毫无疑问，高职教育也应该遵循以上基本原则。然而，高等职业教育是高等教育的一个独特的部分。在专业设置方面，它应该有自己的特点，不能复制普通高等教育的传统，必须根据自己的特点来探索新方法。以往普通高等院校主要依据学科体系来设置专业，这与它们的培养理论型、研究型人才的教学目标是相契合的。也就是说，它们都根据学科理论知识体系来设定专业，基本呈现线性设计或平面设计的态势。而高等职业教育主要面向生产、服务和管理第一线，培养应用型技术人才和管理人才。因此，高等职业教育主要应从市场、专业、技术三个轴考虑设置，这是一种立体交叉的思想。

从近年来许多高职院校的专业设置来看，其基本思路可以概括为：以市场需求为导向，以专业岗位（群体）为基础，以技术含量为参数，全面研究专业设置。以市场需求为导向是指市场需要什么样的专业技术人才，高职院校就应该尽量设置相应的专业，这就是所谓的以销定产原则。基于专业岗位（群体），行业定位原则即基于行业定位设置专业，或针对某个行业岗位、某个社会公共岗位或一组相关岗位。以技术内容为参数有两层含义：一是高职教育设置的专业并非完全针对某一特定的职业岗位或岗位群体，有些专业是根据应用技术领域（包括管理技术）的需要设置的。二是专业岗位（组）设置的专业技术含量越来越高。市场、职业、技术三者的比例可大可小，视不同时期、不同地区、不同院校和不同专业的具体情况而定。每设置一个专业都要对人才市场的需求情况做大量深入的调查，组织校内外专家和学者对调研材料进行论证分析，并聘请本地区各行业的顶尖管理和技术专家为专业管理委员会委员，每年对已有专业进行评估，对不适应的进行调整，对空缺的及时补充，保证教育与人才需求的高度吻合。以岗位、岗位群或职业所需要的能力为出发点来设计教学内容和课程系，其中重点是培养学生的动手实践能力和职业技能，大大缩短学生的就业适应期，使学生可以直接顶岗，从而增强高职毕业生的就业竞争力，让他们在人才市场上牢牢地占据一席之地。

高职院校专业设置应具备三个特点。第一，积极适应，灵活且多样。高等职业教育应面向市场，根据职业岗位（群体）或技术领域的需要设置专业，体现其针对性和适应性。随着社会的发展和科学技术的进步，社会职业和专业岗位也在不断变化。面对这样一个动态庞大的体系，高职院校不可能为每个专业岗位、每种技术设置相应的专业，也不可能照搬普通高校的专业目录。因此，高职院校应经常对人才市场的需求进行大量深入的调查。调查内容包括与各专业相关的行业规模、发展趋势、技术状况、岗位设置、人才需求等，详细了解生产单位对生产经营一线人才的素质要求。然后，遵循优化、可行、高效的原则，按照优先顺序分阶段、分批设置专业。第二，兼顾宽度和窄度。在高职院校中，宽专业设置和窄专业设置并举是普遍现象。目前，由于科学技术的飞速发展，职业技术教育的专业宽度有扩大的趋势。一般来说，专业应该宽窄兼具。根据专业岗位（群体）需要建设的专业，专业口径应相对窄一些。根据技术领域设置的专业，专业口径应相对较宽一些，注重适应性。另外，也可采用"宽口径、多方向"方式，在一个专业下设置多个专业方向，使毕业生适应更多的职业岗位，同时具有自己的特色和特长。第三，交叉复合，分合有序。目前我国许多行业的生产、管理第一线都急需大批既懂理论又懂技术，或既懂操作又会经营的复合型、智能型人才。我们可以将不同专业复合起来，如"商务＋英语""旅游＋英语"；也可将专业知识和专业技能复合起来，如"商务知识＋单证制作""商务文秘＋办公自动化"。

随着教育规模的快速发展，高职教育也暴露出一些深层次的问题和矛盾。一些高职院校在专业设置和专业调整方面出现了一些新情况、新问题，突出表现为专业设置的随机性较强。许多高职院校在设置专业时，往往不重视社会需求调查，缺乏有效的专业论证和预测机制，未能根据自身办学条件和办学特点，形成适应当地经济主导产业发展趋势、切实可行的专业发展规划。此外，高职院校的专业设置仅采用本科甚至研究生学科（专业）目录，有些则沿用中等职业教育的专业名称。不仅学科、专业名称差异较大，而且大部分学科、专业代码不一致，造成专业设置混乱，严重影响了人才定位、教学管理科学化、规范化招生就业。不同类型学校的高职教育专业名称存在明显差异。据招生部门初步统计，我国高等职业教育至少有 1 500 个专业名称。专业名称的不规范在一定程度上影响了高职教育专业结构的调整和人才类型的划分、统计和宏观调控，也影响了社会对人才能力结构的认识和毕业生的就业。专业设置混乱、随意性强、名称不规范的情况非常普遍，如有些院校设立商务英语专业，而在另一些院校被称为商贸英语专业；旅游英语专业在不同的院校被称作涉外旅游、旅游管理、旅游英语等不同的名称；还有些院校在应用英语专业中下设商务英语方向，而有些院校的商务英语专业下设应用英语方向，此类例子不胜枚举。

鉴于上述情况，教育部于 2004 年 10 月印发《普通高等学校高职高专教育指导性专业目录（试用）》（以下简称《目录》）。《目录》是国家高等职业教育宏观管理的一个基本指导文档，对于高等学校设置和调整高等职业教育专业，制订培训计划，组织教育教学、招生的安排，毕业生就业，以及教育行政部门统计和预测工作具有指导作用。《目录》突出了高等职业教育的特点，从而促进创业教育的高等职业教育和就业。

《目录》在文化教育类中规定，高职英语专业设置四个专业，包括应用英语、商务英语、旅游英语和英语教育。其中，应用英语、商务英语和旅游英语属于语言和文化，英语教育属于教育。

（二）高职英语专业的培养目标和社会意义

高等职业技术教育和普通高等教育是我国高等教育的重要组成部分，是我国高等教育的两支大军。他们有许多相似之处，如教育水平基本相同、教育的政治取向是一致的、教育教学的基本原则是一致的、对教师的基本要求相同、学校管理的原则基本相同。但是，高职教育与普通高等教育在培养目标、培养特点、专业设置、课程设置、教学方法、教学条件、师资队伍、招生制度、教育形式、管理结构等方面存在很大差异。普通高等教育培养学术、理论和工程设计专业人才，高等职业教育培养技术型、智能型、复合型等应用型人才。

高职英语具有浓厚的专门用途英语的色彩，更确切地说是职业英语。高职英语专业是就一定的岗位（群）来培养人才的。比如说，商务英语专业的就业岗位（群）是商务公司文秘，国际贸易和金融公司业务人员（包括外销员、报关员、单证员等）或行政管理人员，外事机构行政助理或翻译人员，政府机构文秘或其他商务机构从业人员。应用英语专业外事方向的就业岗位（群）为涉外企业外事行政助理、涉外企业外事部门的文员和翻译、国际交流中介机构涉外项目代理、政府外事机构行政人员、国际旅行社和酒店的外联人员等其他涉外机构的从业人员。他们在今后的工作和专业活动中经常使用英语来实现工作目标，完成工作任务。他们要学的也是与他们今后工作或岗位密切相关的内容和技能。高职英语专业培养的应用型和复合型人才与普通高校英语专业培养的通用型人才不同，普通高校英语专业并没有设定一定的就业岗位（群）。同时，高职英语专业开设的课程为应用型课程，并非单纯讲授语言知识，而且其课程更加突出对学生的专业知识、业务技能、社会能力的培养及职业素养的教育，既可以保证所学及所用，又可以保证学生的可持续发展。

虽然学术型、工程型、技术型或应用型人才都处于高等教育的文化背景和素质平台之上，同属高层次人才，且都在自己的专业领域内具有较强的创新能力，但是相对普通高校英语专业培养的学术型人才而言，高职英语专业培养的技术型或应用型人才对程序性知识掌握得更加娴熟，操作性技能更加高超。他们擅长实践，动手能力强，能把在实践课程中学到的知识马上运用到工作中。而且，高职英语专业培养的应用型人才在听、说方面的能力尤为突出，同时，他们具有商务、旅游、交际、外贸、文秘等方面的专业知识，能更快地适应岗位的需求。

不难看出，作为普通高等英语教育的延伸，高职英语专业是一个新兴的重要门类。它与高校英语教育相辅相成，缺一不可。其应用型人才具有鲜明的特点，与高校英语专业培养的学术型人才相比具有自身的优势，是社会所需要的。同时，高职英语教育直接和生产、管理第一线相联系，为社会发展服务，为经济发展服务，为中华民族在新世纪的腾飞培养了大批技术、素质优秀的英语人才。

二、产教融合的实践现状分析

过去10年，在国家政策、资源的支持下，我国开展了37所示范软件工程学院（下称"示范软件"）和109所示范高职院校（下称"示范高职"）专业教育改革的示范工作。"示范软件"是本科和研究生层次的以软件工程专业为例的示范工程，所有示范学院都建在以清华大学、北京大学为首的研究型大学，其目标是培养面向软件产业职场需求的国际化复合型软件工程师；"示范高职"则属于高等专科层次，包括所有专业在内的示范工程，其目标是培养面向职场需求的技师技术员和各行各业的中等专业人才。这两种不同层次的专业教育培养的是职场上不同层次的人才，其岗位职责、所需的能力素质和知识技能不同，所对应的专业教育在生源、培养目标、教学大纲、教学内容、方法、教学过程、师资、教学资源等方面均有所不同。但是它们也有共同点，如面向职场未来的人才需求、理论联系实际的教与学、产学合作的办学机制、职业性与专业性的统一、素质教育与专业教育的统一、市场和利益相关者的评价体制。毕业生可与职场无缝连接，就业率、就业质量高，可满足产业的人才需求。他们的成功可以向从中职到博士生专业教育的所有层次示范，向理、工、农、医、商、法、教、管等所有专业进行示范。这两个示范工程都是现代职业教育的典型。

国内外面向职场专业教育的成功例子说明：求职导向、面向职场需求、产学合作、工学交替等模式并不只适用于中低端技能型人才的培养，更不会导致教育质量低劣。这一模式从培养中低层专业人才的职业教育发起并证明其生命力，是培养职场需要的高端人才的必经之路。

现代职业教育的实质就是面向职场的专业教育。所以，学校名称是否冠以"职业"两字并不重要。不冠以"职业"两字的专业教育，不管所培养的人才在职场层次有多高，也应面向职场需求，也要采用现代职业教育的共同成功模式。这也是现代职业教育的组成部分。我们应当弱化职业教育的名称，强调面向职场的实质，使所有的专业教育"接地气"，回到原点——面向职场需求。因此，本节中所提的任何面向职场的专业教育，都视为产教融合的典范，是我们应当学习和借鉴的。

（一）国内产教融合实践的现状分析 [①]

1. 北京产教融合发展实践

北京产教融合发展的典型案例是中关村的建设及运营。中关村科技园区是我国科教智力和人才资源最为密集的区域，拥有以北京大学、中国人民大学、清华大学为代表的高等院校近41所，以中国科学院、中国工程院所属院所为代表的国家（市）科研院所206家；拥有国家重点实验室67个、国家工程研究中心27个、国家工程技术研究中心28个；拥有大学科技园26家、留学人员创业园34家。[②]中关村的巨大成功得益于三大政策：第一，支持研发机构创新。为了提高企业持续创新发展的能力，我国鼓励企业与大学、科研机构合作，共同建立工程技术研究中心和企业实验室。对通过认定的研究中心根据认定级别给予50万元、100万元不等的资金扶持，对于租用大学和科研机构实验室开展技术研究、新产品开发的企业给予租金补贴。第二，扶持人才创业，补助高新成果产业化。支持企业与大专院校、科研院所合作，对引进成果、进行成功转化最终使产品上市销售的企业，或委托院校进行技术开发的企业，根据生产需求经备案后，依照技术开发、转让合同给予一定的资金补助，总计不超过20万元。第三，"两步走"的人才服务政策。首先，不仅支持高端人才领衔创办一批高科技企业及研发机构，还进一步鼓励其与高校、研究机构共建研发中心和高科技企业，从而突破一批关键核心技术。其次，在自身发展的基础上，探索出一套具有全国示范意义和推广价值的人才政策体系，使人才特区建设经验得到充分总结和不断推广。综上所述，政府在高校与中关村的协同发展中起到了推动作用，实现了高校、中关村和北京经济社会发展的深度

---

① 牛士华，杨频，沈文其. 产教深度融合的国内外实践借鉴与启示 [EB/OL].[2017-11-05]. http://www.xzbu.eom/3/view-7297772.htm.

② 百度词条. 中关村科技园 [EB/OL].[2017-11-05].https://baike.baidu.com/item/%E4%B 8%AD%E5%85%B3%E6%9D%91%E7%A7%91%E6%8A%80%E5%9B%AD/1360849?fr=ala ddin&fromid=170054&fromtitle=%E4%B8%AD%E5%85%B3%E6%9D%91.

融合。一方面，国家的政策扶持和基础设施建设为中关村的建设提供了保障；另一方面，高校及科研院所为中关村的科技创新和快速发展提供了巨大的人才、科技支撑。

2. 上海产教融合发展实践

截至 2014 年，上海拥有 68 所普通高等学校。其中，37 所为普通本科院校，31 所为高职高专院校；10 所为教育部直属高校[①]，9 所为"211 工程"高校，4 所为"985 工程"高校。2015 年，针对上海高等教育面临的主要挑战，即高等教育的规模和人力资源开发水平不足以支撑上海建设社会主义现代化大都市，高等教育的人才培养方向与上海产业结构布局的契合度不高，高等教育的种类难以满足人民群众优质、多样的需求。上海市教委印发了《上海高等教育布局结构与发展规划（2015—2030 年）》的通知（沪教委发〔2015〕186 号），要求高校根据国家战略和上海市城市总体规划，以本市人口变化趋势、经济社会发展及人才需求为主要依据，统筹全市高等教育资源，探索建立市区两级政府、教育主管部门与行业主管部门、行业企业共建高等教育的新格局，为上海经济社会发展提供强大的人才、科技支撑。政府负责落实组织领导，制定可行的路线图，给予法律法规和配套政策扶持，为上海市高等教育的改革提供可靠资源。例如，上海市医药学校与上海医药有限公司共建了实训基地；上海立信会计金融学院与慧科集团共建了全国首个金融科技学院；复旦大学立足上海市，通过研究发达国家在城市发展和治理方面的经验教训，探索了中国新型城镇化发展的新思路。政府、高校和行业企业三方在校企协同育人方面取得了可喜的成绩。

3. 广东产教融合发展实践

近年来，广东省搭建了"百校千企"合作平台，协助高校与国内外知名的大型骨干企业对接合作。与此同时，广东省深入实施了校园对接产业园工程。广东省政府提供财政资金，支持 86 所技工院校与全省 36 个省级产业转移工业园区进行全面合作，为园区企业优先输送毕业生、开展在岗职工技能提升培训、开展产教研训合作等，有效解决了园区面临的用工难、稳工难等问题。技工教育校企联盟得到了一些高校和行业协会、企业的积极响应，在人才培养与职工培训、科技创新与技术服务、资源共享与共同发展等领域开展全面合作。广东省坚持校企合作共建专业，完善学校主导、行业指导、企业参与的专业机制，旨在建设校企深度融合、社会认可度高、就业质量好的省级重点专业和省级特色专业。所谓校企

---

① 上海市教育委员会. 市教委等关于印发《上海高等教育布局结构与发展规划（2015—2030 年）》的通知 [EB/OL].[2017-11-12].http://www.shanghai.gov.cn/nw2/nw2314/nw2319/nw12344/u26aw45954.htmL.

双制,一是指招生即招工的全日制双制班,主要面向初高中毕业生开展全日制教育;二是指招工即招生的在职双制班,主要面向企业在岗职工开展职业技能提升培训。政府对此给予了相应的培训补贴扶持,企业也相应地加大了人力资源开发投入。这种招工招生、送岗送学一体化的人才培养模式,最大限度地发挥了学校育人机制和企业用人机制的耦合作用。

(二)国外产教融合的发展实践现状分析

1. 英国产教融合发展实践

英国产教融合的代表案例为牛津大学与牛津郡的融合发展。20世纪60年代的牛津郡以农业为主,牛津大学的人才培养、科学技术的创新与应用,对牛津郡及周边地区的经济社会发展的影响力和贡献度不断提升。目前,牛津郡80%的高科技企业由牛津大学的毕业生创办,科技创新及技术成果的转化促进了牛津郡的快速发展。据牛津大学校长约翰·胡德(John Hood)介绍,牛津大学技术转让中心平均每6~8周就能创建一个新企业,科技成果的广泛应用对牛津郡的科技创新及经济发展发挥了巨大作用。牛津大学不仅带动了牛津郡经济的快速发展,还提供了大量的就业机会。据相关学者测算,牛津大学对地区经济影响的基本凯恩斯指数为1.34,即牛津大学每支出1英镑,就为地区增加0.34英镑的额外收益。由此可见,牛津大学对地区经济社会发展的综合影响力非常明显。

2. 美国产教融合发展实践

美国产教融合发展的代表性高校有斯坦福大学、哈佛大学、麻省理工学院等,它们对硅谷、波士顿乃至整个美国经济、科技、社会的发展都做出了巨大的贡献。以斯坦福大学为例,该校为硅谷的兴起发挥了关键的作用。成立之初,斯坦福大学经历了美国历史上的经济大萧条,加上政府对斯坦福大学的财政支持有限,该校遭遇了严重的财政危机。为了解决办学经费问题,斯坦福大学教授弗里德里克·特尔曼(Frederick Terman)提出建立斯坦福科技园,对外出租斯坦福拥有的土地资源。这一措施不但吸引了柯达、通用电气、惠普等世界知名公司进驻科技园,为学校筹集了办学所需经费,而且为斯坦福大学的快速发展奠定了良好基础,促成了美国高科技集聚地——硅谷的形成。斯坦福大学坚持开放办学,从教育教学到科学研究再到社区生活都与硅谷紧密地融合在一起。斯坦福大学与硅谷的深度融合,一方面,解决了大学自身经费不足的难题;另一方面,大学通过双方合作,培养和锻炼了适应市场需求的高技术人才,为硅谷源源不断地注入新的科学技术和创新能力。斯坦福大学与硅谷的这种协同融合发展的模式为双方的未来发展创造了更为广阔的空间。斯坦福大学对教师创办公司非常支持,只要教师完成了学校规定的教学、科研任务，就可以到公司兼职或创办自己的公司。斯坦福大学校长约翰·汉尼斯（John Hennessy）在发明 MIPS 后便合伙创办了公司，并在此后的几年时间里将主要精力投入公司运营。几年后，公司在纳斯达克上市，在将公司出售给 SGI 公司后，约翰·汉尼斯又回到斯坦福大学担任工学院院长，并于2000 年起担任斯坦福大学的校长。斯坦福大学与硅谷的协同融合发展成为城市与高校合作发展的典范。

（三）从国内外产教融合实践分析中得到的启示

1. 高等教育规模和层次是基础条件

通过国内外城市与高校协同发展的实践经验来看，拥有一定数量的高校能够为城市经济发展提供充足的人才支持，它是推动城市发展的基础。另外，从斯坦福大学、牛津大学及国内的复旦大学等知名高校对地区经济社会发展的作用来看，高水平大学的师资力量更加雄厚、科研能力更高，能够在科技创新和成果的应用上发挥引领未来的作用，对地区经济社会的未来发展具有更加深刻的影响。

2. 校企深度合作是重要途径

斯坦福大学解决办学经费的主要途径就是通过产学合作，为硅谷的公司提供技术支持，解决公司科技创新和经营管理中遇到的问题，从而获得公司的经费支持。除此之外，斯坦福大学还借助聚集在硅谷的全球知名公司培养和锻炼了学生和教师解决公司实际技术问题的能力。目前，国内高校在产学合作方面进行了多年的探索与实践，与全球知名公司开展了深入的产学合作，联合开展科技研发；同时，与科技型企业密切合作，加快推进科技成果的转化，帮助企业提升科技创新能力。针对当前电子商务产业的快速发展，大部分企业纷纷开展电商业务，高校与电商及相关企业开展多层次的合作，共同培养电商人才，借助"双十一"等特殊时点开展校企实战合作，优化网络销售的服务管理，助力企业经营管理。

3. 良性合作机制是有力保障

从上述高校与城市发展的实践可以看出，政府、高校及公司等组织之间形成的合作机制成为高校与地区协同发展的有力保障。虽然斯坦福大学等国外知名高校不能从政府获得足够的财政支持，但在政策等方面得到了相应的保障。政府不提供经费的做法也迫使高校通过为公司等机构解决技术和经营问题来促进自身发展，这也促使高校与公司之间的合作机制不断形成与完善。同时，高校与公司、地区之间的合作机制使三者形成了紧密的共生关系，相互支持、协同发展。

第三章　产教融合背景下高职商务英语教学体系建设

第一节　高职商务英语专业实践教学体系的构建原则

高职商务英语专业实践教学体系的目标定位应当以工学结合的政策性要求、培养高技能人才的现实需要及对学生能力培养的客观需要为依据，坚持特色性原则、以"生"为本原则、层次性原则、社会化原则以及理论与实践相结合原则，构建科学合理的实践教学体系。

一、特色性原则

高职商务英语在构建实践教学体系时必须充分考虑特色性原则，具体包括高职特色和专业特色。高职教育特色就是从实际出发，以能力为本位，以培养学生的职业能力为主要目的。如果脱离了职业能力的培养，高职就失去了人才培养的特色。作为高职教育的重要内容，高职商务英语在遵循高职人才培养方向的同时，要坚持自己专业的特色，即英语知识与技能和商务知识与技能的双重复合。因此，高职商务英语就是要培养在商务背景下具备熟练运用商务英语的高技能型人才。

为充分体现特色性原则，高职商务英语实践教学体系在构建过程中，必须做到：培养定位准确，目标明确，将语言、商贸、服务结合在一起；专业教学由学科体系向职业能力本位转化，由注重语言向语言、商贸并重转化；工学结合、产学合作更加紧密，顶岗实习趋于完善，学生实践技能的培养特色更加明显。同时，要针对职业岗位要求，结合专业实际和特色，改进人才培养方案，创新人才培养模式，逐渐形成工学结合人才培养模式，在积极探索与实践中形成订单培养、工学结合、工学交替、校企互动、顶岗实习等教学模式，形成产学结合的长效机制，对同类专业起示范、带动作用。

二、以"生"为本原则

人才培养是高职院校的根本任务。以"生"为本原则就是指要根据学生生理、心理的特点，把价值引领和理论教育、实践教育等有机地结合起来，有针对性地根据青年学生需求设计实践内容、实践手段，充分体现对学生个体的尊重。高职院校在构建实践教学体系时应该做到以"生"为本，在确立高水平优质就业的目标基础上，要做到职业素养与职业技能培养并举，学历教育与岗前培训相结合，既要培养学生说的能力、做的能力、学的能力，更要推进以"品德优化、专业深化、能力强化、形象美化"为主要内容的学生职业素养提升工程。高职商务英语实践教学体系构建要以"生"为本，就要突出培养学生的能力，始终把培养学生熟练的英语沟通能力、扎实的商务知识与技能以及与现代商务环境相适应的信息处理能力作为重点，对商务英语专业理论和实践教学体系的建设和实施、教学计划、实习实训等环节进行较全面的改进，最大限度地培养学生的职业能力。

三、层次性原则

层次性原则是指实践育人工作要针对不同年级和不同类型的学生群体特征和个性特征，采取不同的途径、方法分别进行设计、规划和实施。要按照系统规划、分类设置、分层安排、有效衔接、整体推进的要求，构建大学生实践教育的活动载体和工作体系。就高职商务英语教育而言，英语的工具作用显得尤为突出：英语既是商务英语专业教学与学习的工具，也是开展国际商务活动的工具。然而，高职学生的学习基础相对薄弱，这就要求高职院校在构建实践教学体系时必须坚持层次性原则，在坚持循序渐进的基础上注意以培养学生的学习兴趣和动手能力为主，因材施教，充分发挥学生个体的潜力。

商务英语校内实践教学模块可以从以下三个阶段开展实施。

在一年级阶段，以基本技能训练为主，主要培养学生的商务英语听、说、读、写、译等能力。无论是在课程设置上还是在课堂教学上，都要进行大量密集的英语教学和训练，大量采用以商务为背景的语言材料，使学生在学习语言知识和技能的同时，获得一定的商务专业词汇和文化背景知识。

在二年级阶段，以商务专项为主，主要培养学生商务英语沟通的综合能力。学生经过一年的系统学习，掌握了英语和各项基本商务技能，教师应通过综合实训将单项的技能联系起来，综合运用，融会贯通，同时加强整个商务活动流程的实训教学，提高学生的商务沟通能力（跨文化交际能力）、协调能力、团队协作能力等，为学生将来从事商务方面的工作打下坚实的基础。

在三年级阶段，以综合职业能力培养为主，包括创新创业教育能力培养。鼓励、指导在自主创业、科技创新等方面有特长的学生率先实践。

当然，这三个阶段的实践教学内容并不是一成不变的。教师可以根据学生的实际特点进行灵活调整，给予针对性的辅导。

四、社会化原则

高职商务英语实践教学还应该坚持社会化原则。在电影《海上钢琴师》中，男主角是个弃婴，从小被船上一位好心的烧炉工收养。因为没有出生证明，烧炉工害怕他被别人抢走，不许他离开船舱半步。然而男主命运多舛，在他 8 岁时，烧炉工意外死亡。天赋异禀的他无师自通，成了"维珍尼亚"号乐队的钢琴大师，从此名声大噪。但宿命论令他对外面的喧嚣世界始终深怀戒意，纵使他遇上了唯一一位让他心动的女子。在登上陌生陆地的那一刻，他茫然地看着偌大的纽约市思量再三，终究放弃了寻找情人的冲动，即使好友万般劝阻，他还是选择永远留在船上，与之一同被炸弹粉碎。"All that world is weighing down on me, you don't even know where it comes to an end, and aren't you ever just scared of breaking a part at the thought of it? The enormity of living it?"（"那个世界好重，压在我身上。你甚至不知道它在哪里结束。你难道从来不为自己生活在无穷选择之中而害怕得快崩溃掉吗？"）。如此害怕步入现实世界，这与其出生与成长环境有着密切的联系，其命运实在是让人唏嘘不已。从电影中我们学到，要勇敢地面对现实，从"求是"出发，勤奋是道。作为教育工作者，我们还要教会学生如何在激烈的市场竞争中生存与发展，秉承实践教学的社会化原则，想方设法地通过搭建行业、企业与专业的合作桥梁，让学生在社会这一大课堂上不断地学习、感受、体会、发展、拓宽，真正提升自身的职业素质和职业能力，放飞自己的梦想。

五、理论与实践相结合原则

高职商务英语实践教学对提高学生的综合素质、培养学生的创新精神和实践能力有着理论教学不可替代的特殊作用，但同时又与理论教学相辅相成、相互促进。商务英语是一门综合性学科（这在前面已有论述），需要积累的知识很多，既有英语语言的，也有商务专业的。如若只是蜻蜓点水地"教"与"学"，必然不能起到加深印象的作用，势必因为知识的"模棱两可"而在实践中无法很好地"表现"，甚至会犯不必要的错误。因此，帮助学生学好英语，使其尽可能系统地掌握相关的商务知识与技能非常重要。与此同时，英语的使用与商务操作涉及很多技巧与技能，需要在实践中发展、完善与更新，从而保持与时俱进。教师在构建高职商务英语实践教学体系时，必须从学生的实际出发，结合学院特色和地方特色，合理地将理论与实践有效结合，为真正培养出一大批有知识、有文化、有内涵、有远见、有能力的商务人才而服务。

第二节　高职商务英语专业实践教学体系的构建途径

一、实践课程体系开发

（一）实践课程开发

学校培养人才主要是通过教学活动进行的，教学计划是教学活动的前提，而教学计划的核心是课程结构，课程结构是培养合格人才的重要保证，同时是将宏观教育理论和微观教学实践联系起来的"桥梁"。高职商务英语实践教学必须以高职商务英语专业人才培养目标和人才培养规格为依据，通过对社会需求和岗位的分析，建立以就业为导向、以能力为本位、以技能训练为轴心的综合课程体系，切实培养学生的职业能力，从而形成自身的特色，在当今激烈的市场竞争中具备特殊的竞争优势。

浙江金融职业学院商务英语专业依靠学院金融大市场和浙江省日益火爆的英语培训市场，最终确定了以培养"外贸类的商务助理和外贸业务员、社会英语培训行业的少儿英语教师和银行类的临柜人员"为目标，并专门开设相关课程，鼓励有意进入培训机构和银行机构工作的学生参加选修学习，从而对自己喜欢的职业事先有全面的了解。

宁波职业技术学院充分利用宁波蓬勃发展的会展业，进行商务英语专业课程与会展企业项目的互动化设计，开辟出商务英语、商务翻译、商务礼仪等实践教学计划，并以会展接待英语、企业简介和产品介绍翻译、展会接待礼仪等作为实践教学的主要内容，进而设计了展会接待、展会翻译等岗位训练项目。

深圳职业技术学院根据深圳市经济发展的总体特点和对深圳市相关行业企业的调查，确定其商务英语专业的职业定位为国际商务一线业务岗位和行政管理岗位，以此为目标，商务英语专业开发出文秘类、商务类和语言类三大课程模块，每个模块又分别按照基础、专业和综合三个阶段进阶式发展，形成三条线索，直至毕业前顶岗实习时进行最后的综合实训。同时，三个课程模块相应要求学生考取文秘证书、翻译证书和商务证书等三个系列的职业资格证书，从而初步形成具有一定系统性的课程体系，如图2-1所示。

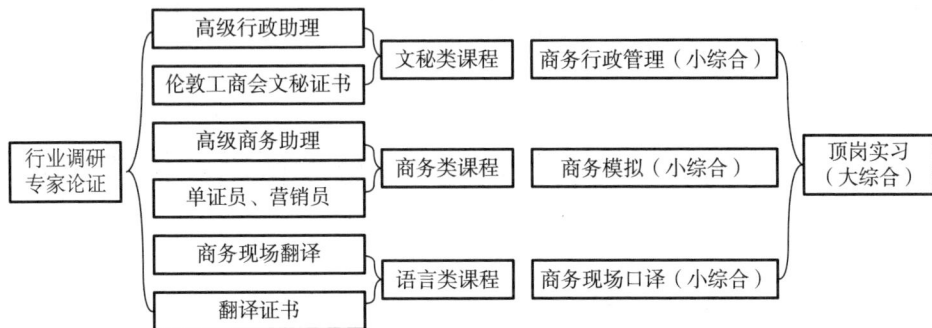

图 3-1　深圳职业技术学院商务英语体系

在构建高职特色商务英语实践教学课程体系的同时，各高职院校应该根据区域经济转型的升级需要，探索建立专业设置和调整的动态机制，强化专业群、专业、课程、产业、行业、岗位的匹配度，最大限度地保障专业学生的就业质量；同时，在遵循学院人才培养的框架下，探索专业大类招生，推进专业大类教学，提高学生的岗位适应性与可持续发展能力；大力实施品牌专业建设战略，打造优势专业群，凝练专业特色，提升专业建设整体水平。

（二）教材编著

教材是高职学生学习的一条重要途径，能帮助学生在最短的时间里学习了解相关行业知识、技能与职业素养的要求，在步入职场门槛时不至于慌乱、紧张与不知所措。然而，我们应该清晰地看到，现在市面上的教材虽琳琅满目，但鱼目混珠。教材是提高职业教育人才培养质量的关键环节。因此，加强教材建设和管理是深化职业教育教学改革的有效途径，是推进人才培养质量模式改革的重要条件，是促进中高等职业教育协调发展的基础工程。为此，高职商务英语实践教学需要有相应配套的教材，所编（著）教材要优化选题，内容上应避免重复，重点围绕专业课程改革、教学资源开发、教学方式创新等方面组织开展建设研究；同时，应尽量体现国内外先进职业教育理念，反映该课程及所属学科发展的新水平和新成果。只有这样，才能有效地将书本与实践相结合，最大限度地为学生的课堂实践与社会实践提供认知与情感上的支撑、依托与满足。

二、实训教学体系开发

为了提高专业学生的实际操作能力，增强就业竞争力，高职商务英语专业应该努力打造富有专业特色的实训教学体系，有效地将校内实训和校外实训有机结合，将知识、能力与实践相结合，探索职业岗位能力与专业教学有机结合的途径和方式。

在校内实训方面，浙江金融职业学院商务英语专业为了配合专业课程改革和人才培养模式改革，全面升级改造了现有语言实训室，目前已形成一个由七间商务英语实训室、三间国际贸易实训室和相关专业共享实训室构成的商务英语专业校内实训体系（如图 2-2 所示），充分保障了专业学生的英语学习和商务学习需求，很好地锻炼了学生的实际运用与操作能力。如在仿真商务英语活动实训室，学生将学会如何接待外国客户，如何与之进行谈判、宴请等在现实工作中会遇到的实际问题。

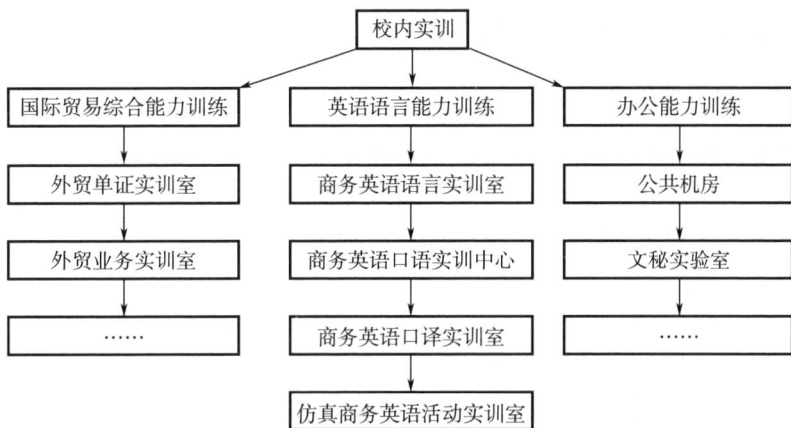

图 3-2 浙江金融职业学院商务英语专业校内实训体系

同时，为将工学结合的商务英语人才培养落到实处，最大限度地满足浙江省经济发展对复合型商务英语人才的需求，浙江金融职业学院商务英语专业还创新地构建了一套"由点到网"校企深度融合的校外实训教学网络，即依托社会英语培训行业联盟、外贸协会和翻译协会，联合社会英语培训机构、外贸企业和翻译社，组建三大行业联盟，联系校友，积极在浙江省各大中城市开拓校外实训、实习基地，极大地拓宽了专业校外实训教学网络和毕业生就业市场。譬如，所在专业每年都会派学生参加杭州市西博会、文博会、国际设计节等一些大型活动的志愿者服务活动；参与杭州市翻译协会的省公示语翻译、调查与收集活动；每年毕业季，甚至更早的时候，这些基地负责人会联系专业教师或亲自来学校寻觅优秀毕业生。

三、教育教学改革

（一）课堂教学改革

课堂教学是高职教育的重要组成部分。相信不少人听到过一些高职教师抱怨："高职学生真难教啊！上课不好好听讲，下课不好好做作业，考试前才临时抱佛脚……"虽然在高职院校，这样的学生不乏其数，但是教师是不是也应该自我反省一下：自己的上课方式对吗？自己是否很认真地根据专业人才培养目标、课程目标及学生特点来组织课堂教学？自己教的知识是不是学生想学的？……如果答案是否定的，请不要将责任归咎于学生。高职商务英语专业旨在培养会说英语、懂商务、会操作、素养高的商务人才。因此，应对当前高职院校"满堂灌""填鸭式"的课堂教学方法进行改革。只有根据实践育人的需要，加强案例分析、项目任务驱动、问题导向等教学法的应用，才能使学生学会运用理论知识判断、分析社会现实问题，增强其对社会的全貌认识，培养学生的职业素养和职业能力。

（二）教学评价改革

评价作为课程教学的重要环节，是检验课程与教学计划是否达到教学目标的有效手段。高职商务英语实践教学突出强调培养学生的动手能力、创新型思维，因而，评价也就不再成为教学的最后目的，而成为教学的必要手段，贯穿教学的整个过程。在教学实践中，除改变教育方法外，还应改革评价手段，实施多元综合评价。多元综合评价旨在通过学生自评、同伴互评与教师评定等手段，充分激发学生的学习积极性、自主性与创造力。1983年，哈佛大学发展心理学家霍华德·加德纳（Howard Gardner）出版了《智力的结构：多元智力理论》一书，提出："智力是一种计算能力，即处理特定信息的能力；这种能力源自人类生物的和心理的本能。人类具有的智能，是一种解决问题或创造产品的能力。"根据多元智能理论，智力作为在特定文化背景或社会中解决问题或制作产品时一种非常重要的能力，应该包括语音智能、逻辑—数学智能、空间智能、身体—运动智能、音乐智能、人际交往智能和自我认知智能。在随后十几年的研究中，加德纳又提出第八种和第九种智能，即自然观察智能与生命存在智能。加德纳的多元智能理论强调每个个体身上智能的多元化、差异性和开发性，充分认可社会文化和教育在人的智能发展中的重要作用。与传统只重视语言智力和数理逻辑智力的智能理论相比，多元智能理论对学科分数作为评价学生主要标准的教学评价提出了挑战，在全球范围内的教育领域掀起了一场轰轰烈烈的教育评价改革。高职商务英语教学实践实施多元综合评价，能弥补传统终结性评价的不足，使形成性评价真正发挥其优势与作用，激发学生学习的积极性，提高学生的英语综合能力，促进高职英语教学目标的实现。高职学生在主动参与和协作学习中形成了高度的责任意识，提高了学习能力。

（三）"课证""课赛"融合

1."课证"融合

"课证"融合模式是指专业教学内容与职业岗位要求相融合，将职业考证项目贯穿专业课程体系中，使教学内容与职业岗位要求、职业考证内容相融合，使学生毕业时实现拥有双证，甚至多证，实现高就业和优质就业目标。以就业为导向的专业人才培养方案决定了技术应用能力的培养必须以国家职业标准为依据。

例如，浙江金融职业学院商务英语专业主要面向外贸公司等外向型企业，培养具有良好的综合素质和职业道德，熟悉国际贸易的业务员、商务助理和行政助理等岗位群的基本理论知识与业务流程，具备一定的外贸知识，掌握扎实的英语语言基础，并能够熟练使用现代办公设备，具有较强英语应用能力、外贸业务能力、涉外活动能力、办公能力和服务能力的高素质技能型英语人才。为实现这一目标，该专业坚持"课证"融合，充分将职业资格证书的知识、技能要求渗透在具体课程中，实现人才培养与岗位需求的深度融合，如表2-1所示。

表 3-1　浙江金融职业学院商务英语专业"课证"融合对照表

序号	就业岗位	职业资格（名称、等级、颁证单位及相应学分）
1	外贸业务员	1.计算机基础知识和应用能力（一级，必须），浙江省教育厅颁发，3 学分 2.全国大学英语四级（必须），全国大学英语四、六级考试委员会颁发，6 学分
2	商务助理	3.中文输入证书（必须），学院颁发，1 学分 4.英文输入证书（必须），学院颁发，1 学分 5.全国外贸业务员证书（必须），中国国际贸易学会颁发，6 学分；全国国际商务英语培训认证考试证书（一级，必须），6 学分 6.中国银行业从业人员资格认证考试合格证书（鼓励），中国银行业协会颁发，6 学分
3	行政助理	7.全国大学英语六级（鼓励），全国大学英语四、六级考试委员会颁发，6 学分 8.涉外秘书证书（鼓励），中国劳动部颁发，6 学分

2. "课赛"融合

技能竞赛是根据国家职业标准和国家经济建设发展对高技能人才的需要，结合生产和服务工作实际开展的职业竞赛活动，其主要特点是突出操作技能、突出解决问题的能力。开展技能比赛活动，能够激发学生刻苦钻研的学习态度，形成比技能、比素质的良好氛围，切实提高学生的动手能力、实践技能与综合素质。高职商务英语实践教学体系的构建，需要切实推进"课赛"融合，即商务英语专业根据专业特色，积极组织和指导学生参加英语类和商务类技能竞赛等；同时，将专业教学内容与技能竞赛相融合，把技能竞赛项目贯穿专业教学活动之中，使教学内容与竞赛要求相一致，实现提高学生综合能力的目的。

例如，浙江金融职业学院商务英语专业自成立以来，一直努力推进"课赛"融合，并取得了不俗的成绩。到目前为止，几乎每位专业任课教师都负责一场赛事，积极参与到相关的赛事项目中，发挥着团队合作的最强力量。实践证明，"课赛"融合在促进课程教学改革、提升课堂教学质量的同时，极大地丰富了学生的专业学习途径和展示平台，充分展示了他们的潜能，激发了他们学习英语与商务知识的兴趣。下面笔者就所在专业几场比较重要的赛事做简单的介绍。

（1）"求职英语"系列比赛。

"求职英语"系列比赛是浙江金融职业学院国际商务系的特色活动，分为简历大赛和模拟英语面试大赛，每年年底前举行一次，旨在更好地展现学院涉外专业应届毕业生的英语应用能力，进而推动学院应届毕业生的就业工作。

第一，简历大赛。简历是现代人求职时必须准备的材料之一。虽然只是短短的几页自我介绍，却能让雇主在最短的时间了解应聘者的大体情况，并在很大程度上促使他们确定要不要给应聘者面试的机会或直接录用的机会。因此，简历的重要性不言而喻。撰写与制作简历蕴含着大量的技巧，成为商务英语写作、求职英语等课程的重要教学内容。浙江金融职业学院商务英语专业每年都会举办简历大赛，要求参赛选手结合所学知识，制作朴实并有创意的应聘材料，参考内容包括英文求职信、英文简介、中文简历等，切实有效地让学生在互相学习、相互交流的过程中明确学习方向，锻炼个人能力。

第二，模拟英语面试大赛。现代社会求职过程中有一个非常重要的环节，那就是面试。面试是对应聘者综合性素质的考核，包括对自我的认识、对对方公司的了解、对面试技巧的了解及应聘时的口头表达能力等。很多时候我们发现，不少人通过了笔试却过不了面试关，得到了面试的机会却因表现不佳与心仪的工作失之交臂。而有些人的简历制作得十分简单，却能在面试中脱颖而出，这归功于他们在面试之前所做的充足准备，如对目标公司发展历史、生产产品、销售、公司结构，甚至是员工人数、工作岗位的了解，以及对自己想要进公司的强烈愿望之表达。

因此，基于对面试在求职道路上的重要性的认识，浙江金融职业学院非常重视每年一次的模拟英语面试大赛。这一比赛主要由三个环节组成：自我介绍、英文试题解答、压力面试。所有内容要求选手用英文回答，着重考查参赛选手的英语表达能力、逻辑思维能力、综合分析能力、应变和自我情绪控制能力以及人际交往技巧等。这也是对专业教学质量的一个考验。

（2）"职来职往"英语大赛。

"职来职往"英语大赛可以为即将毕业的学生提供展示自己才能的机会，让就业者清晰地认识自己，选择正确的职场方向；让就业者认识到现实和理想的差距，充分准备应对新的挑战；让更多的人了解如何丰富充实自己的人生，从比赛中获得更多的人生经验并求得一次理想的实习机会。浙江金融职业学院每年举办一次"职来职往"英语大赛，聘请相关行业的专家、企业老总担任现场评委，让参赛选手通过中英文自我介绍、才艺展示、职业畅想、工作情景模拟等环节充分展示自己的实力。这项赛事在为学生寻找潜在的实习、就业机会的同时，为这些企业提供了一个寻求优秀商务人才的平台，真正实现了双赢。

（3）公示语纠错大赛。

浙江省公示语外语纠错大赛是浙江金融职业学院商务英语专业商务英语翻译实训教学的一个重要平台，也是"课赛"融合教学模式改革的成功体现，并且得到杭州市翻译协会的大力支持，充分反映了商务英语特色专业的建设成效。此项赛事不仅提高了学生的翻译水平，促进了他们学习英语的热情，而且为他们积累了丰富的经验，让大家善于发现日常生活中的公示语，从中学到有用的知识；也为浙江金融职业学院营造了良好的学习风气，为学生提供了学习和交流的平台。

（4）全国大学生英语竞赛。

全国大学生英语竞赛（National English Contest for College Students，NECCS）由教育部高校外语教学指导委员会和高校外语教学研究会联合主办，是中国唯一一项针对大学生的综合英语能力竞赛，包括听、说、读、写。浙江省于2009年成立了全国大学英语竞赛浙江省竞赛组委会（以下简称"省竞赛组委会"）。省竞赛组委会办公室设在浙江工业大学，负责统筹安排浙江省各高校学生的各类别参赛相关事项。该赛事是浙江金融职业学院国际商务系的一大重要赛事，得到院、系领导的大力支持。商务英语教研室和公共外语教研室指定教师对选手定期进行辅导，并编制整理详尽的辅导材料，一方面，激发了学生的学习兴趣，创造了更多的语言交流和自我提高的机会，实现了英语教学大纲中提出的包括语言知识和技能、文化意识、情感态度、学习策略等综合语言运用能力的课程目标；另一方面，竞赛与课堂教学、辅导与教材形成良性互补，如竞赛中智力题既测试了学生的英语阅读理解能力，又测试了学生的分析问题能力，而这种题型所涉及的内容在课堂中是极少出现的。它加强了生生互动、师生互动，弥补了课堂教学中受进度所限而产生的薄弱环节。学生在参赛过程中锻炼了自己的英语综合能力、沟通合作能力，为以后面试及工作打下了良好的基础。

（5）高职高专英语写作比赛。

写作是一种输出性技能，需要平时的积累，是一门有相当难度的课程。在高职阶段，英语写作的主要目的是让学生了解日常生活、商务活动中常用的写作类型与写作技巧等，并使学生通过写作练习解决一些实际问题，如用英文写一份邀请函、求职信、商务报告、广告。高职高专英语写作大赛旨在引导学生重视英语写作，进一步推动英语应用能力的整体提高。其覆盖题型都是依据目前高职英语教育的相关文件拟定的，充分反映了高职英语教育的发展趋势，具体表现在：赛题体现高职特色，突出应用能力；内容既贴近当代大学生的学习和生活，又反映未来工作岗位对英语写作能力的要求和个人职业发展的需求，也为商务英语写作改革提供了指导方向。

（6）高职高专英语口语大赛。

在高职商务英语学习中，英语口语的重要性不言而喻。它犹如一张名片，是展示商务英语学子风采的重要途径，也是彰显高职商务英语专业建设改革成效的重要渠道。浙江省高职高专实用英语口语大赛由浙江省大学生科技竞赛委员会主办、浙江省大学外语教学委员会承办，是浙江省教育厅认可的大学生十类科技竞赛项目之一，受到社会各界的广泛关注和肯定。浙江金融职业学院将此项赛事列入专业年度重要活动，并在很长的一段时间里进行综合部署与计划，充分联合外籍教师和本专业教师的力量，对参赛选手进行辅导。

四、专业学生社团创建

大学时代应该是一个人一生中最美好的时光：除了美丽的校园、自由的空气、浩瀚的书籍、博学的老师，自由、朝气的大学生不再有做不完的题，考不完的试；他们有很多时间去选择自己喜欢做的，包括选择一个或几个最喜欢的社团。毫不夸张地说，社团是大学生活不可或缺的一部分，是大学生自我成长、人际沟通、了解社会的主要渠道。

然而，对于许多新生来说，面对各类校园社团，他们难以取舍。有的学生从小就对文学、摄影、书法和绘画感兴趣，他们可能会报名参加相应的社团，利用这个平台来发展和发挥能力和潜力，与志同道合的人交流技能，相互学习，共同进步；有的学生虽才华横溢，但他们希望在专业领域取得快速进步，获得更高的专业技能，为未来就业和个人发展提前做规划。然而，在当今众多的学校社团中，很少有与学生专业密切相关的社团。高等职业教育被视为职业教育。提高学生的专业技能，进行有效的教学与实践，不仅是高职教育的生存之道，也是培养高职学生核心能力不可或缺的途径。建立和加强与专业相关的学生社团，通过有效的社团活动将第一课堂和第二课堂紧密联系起来，提升学生的专业实践能力，提高学生的社会服务意识和创新意识，增强学生的专业素质，不仅丰富了学生的课余生活，而且为学生今后的顺利就业打下了坚实的基础。

如今，我国英语佼佼者不乏其数，竞争压力也在逐年增大。高职商务英语只有紧密围绕高职和商务这两大特色，从实际出发，立足地方经济发展态势，将课堂和课外、学校与社会有机联系，才能最大限度地发展学生的实践能力，缩短学生与社会、企业要求的差距，使其在毕业时就能顺利上岗，从而保证专业的生存与发展。毫无疑问，构建实效的学生社团，开展有效的学生活动，是高职商务英语特色培育与展示的一个重要窗口。

（一）坚持以推进学生英语应用能力为目标

高职商务英语教育社团建设的目标必须与专业建设目标相一致，即大力推进学生的英语应用能力。这就要求高职商务英语专业社团首先在类型和活动开展上，应该多样化，尽可能涵盖商务英语学习内容的各个方面，使学生通过社团这个平台，在收获国际贸易及金融基础知识、商务文化、英语语言知识的同时，不断进行实践。其次，在纳新层面上，应该积极面向广大专业学生，使他们能根据自己的学习情况、个性特点、兴趣爱好等，有机会参与其中，发展自己。最后，高职商务英语专业社团还应该充分发挥社团干事、会员的力量。学生的力量是无穷的，他们年轻、精力旺盛、富有想象力，乐于与他人沟通合作，能有效保障社团的高效运转。譬如，浙江金融职业学院商务英语专业目前拥有四个社团，即金苑翻译社、商务英语沙龙、学生大使团和创新创业协会，基本涵盖了商务英语专业所需的技能和素质，每个专业的学生都有机会参加其中的一个或两个社团；每学期，各社团会结合自身的宗旨和特长，开展丰富、有益的活动。社团不仅是专业各个年级、各个班级学生的盛大聚会，也是学生交流学习经验、共同实践、结交朋友的重要场所。

（二）加强专业教师的指导作用

社团的成功发展离不开教师的精心指导。尤其是专业社团，涉及众多专业学习和实践方面的问题，需要专业教师利用他们的知识积累、实践历练和社会资源给予有针对性的帮助、指引与拓展，使专业社团能真正起到连接专业学生学习与实践的桥梁作用，否则，就会流于形式，形同虚设，对学生的能力发展起不到任何作用。高职商务英语在建设专业社团及其开展相关活动时，必须加强专业教师的指导作用。首先，要做好社团指导责任导师的遴选工作。社团指导教师应该是这个专业领域里的专家。其次，要做好社团指导教师的考核与管理工作。目前，高职院校专业教师任务比较繁重：除了常规教学、科研、专业建设外，有些人还承担着班主任的工作。社团的做大做强需要指导教师付出更多的时间，耗费更多的精力。因此，应该加大对社团指导教师的奖励，譬如可以根据社团活动的次数、规模、成效等给予指导教师课时补贴、教学业绩上的加分等，激发他们为有专业特色的社团建设与发展做出更大的贡献。最后，加强行业兼职教师在社团中的作用。行业兼职教师来自行业、企业第一线，他们具有丰富的实践经验和娴熟的专业技能，不仅能在课堂教学、课程建设、实训、实习基地拓展等方面为专业建设做出巨大的贡献，也能给予专业社团成员和广大专业学生专业、有效的实践指导。浙江金融职业学院商务英语专业各社团都配有一支强大的指导师资队伍，包括专业教师、外籍教师和行业兼职教师等。他们齐心协力、内外联合，为各社团的特色活动出谋划策、积极指导，在推动商务英语特色专业建设方面功不可没。譬如，金苑翻译社除了有一批专职商务英语翻译方向的专业教师进行直接指导外，也邀请了翻译行业和企业的专家兼任社团顾问，并借助他们的力量经常开设翻译类讲座，指导学生参加公示语纠错大赛、学院"挑战杯"（社会热点问题调研类竞赛）、校内外企事业单位的各类翻译业务等；商务英语沙龙则请了外籍教师、企业高管、商务英语专业优秀毕业生等担任"导师"。"导师"经常通过讲座、沙龙等形式为学生讲述英语学习方法、从事商务行业需要的知识与技能、人生规划等。与此同时，浙江金融职业学院商务英语专业非常重视对各社团指导教师的考核，除了给予指导教师课时补贴、考核加分等奖励外，也严格规定除特殊情况外，指导教师必须参加社团的各类大型活动，记录每次社团活动，进行总结、报告等一系列规章制度，充分发挥了专业教师在学生社团活动的作用。

（三）坚持拓展学生的社会服务意识

高职教育只有从区域经济社会的发展实际出发，进行相应的教学、管理，才能反映出高职特色，使培养出来的人才有用武之地。因此，必须利用一切时机加强学生的社会服务意识，积累学生的社会实践经验，在实践的过程中巩固、发展自身的知识结构和综合能力。然而，在短短三年的高职学习过程中，学生能步入社会进行实践的机会不是很多。虽然现在各高职院校都会要求学生在寒暑假进行各类实习，但总是由于缺乏统一的管理与有效的监督，收效甚微。专业社团能够很好地起到连接学校与社会的桥梁作用，因为它能借助专业建设积累的校外资源、专业教师的社会资源、毕业生资源，拓展社团成员的社会服务领域，有效地组织社团成员参与其中。譬如，浙江金融职业学院商务英语专业的学生大使团一直围绕"国际化社团、服务国际化"这一主题开展社团工作，多次组织社团成员参加校园讲解，接待外宾团，参加服博会、文博会志愿者等活动，大大拓宽了专业学生的国际化视野，提高了他们的语言素养，在校内外享有很高的声誉。创新创业协会不仅保持着两周一次专业教师、企业家、创业人士等与成员面对面的交流与指导，为学生搭建创新创业平台，开展系列活动和创新创业项目培育与孵化工作，还积极鼓励成员进行"我创新，我服务"的实践。目前，已有社团成员在学校创业园开办书店，为全校乃至附近的高校师生购买书籍提供便利；也有成员成立了快递公司，包揽了包括学校在内的片区的快递服务，深受附近居民的好评。

如何有效衔接英语和商务，实现人才培养符合社会需求是各高职院校商务英语专业教师一直在深入探索的一大课题。目前，对学生社团的研究更多地集中在校园文化建设和学生思想品德管理等方面，鲜少有教师将社团与专业建设联系起来。浙江金融职业学院商务英语专业各学生社团的发展证明：学生充分利用课余时间参加社团的各项活动，可以提升自身的实践能力，增强创新意识与合作精神。这些社团活动不仅是他们大学生活的添加剂和润滑剂，也是他们学习的重要渠道，更是彰显高职商务英语特色的重要窗口。

五、师资队伍建设

具备一支较强的实践教学指导能力的师资队伍是构建高职商务英语实践教学体系的关键。在目前众多的高职院校里，不少商务英语专业的教师并不是商务英语专业出身。出于工作之需，他们会利用课下时间阅读商务方面相关书籍，或利用寒暑假到企业参观学习，但由于时间短、事务杂，效果不甚理想。要构建一套完善的、有效的高职商务英语实践教学体系，就必须不遗余力地加大教师实践能力和综合素质的培养。

（一）"双师型"教师队伍的培训

"双师型"教师是高职教育教师队伍建设的特色。然而，究竟什么是"双师型"教师，目前说法不一，对此也没有一个权威性的科学解释。高职商务英语实践教学的实质决定了高职商务英语教师不仅要有英语教学相关的资历与证书，还应拥有商务相关的职业证书或实践经验。因此，应提高目前从事商务英语教学的教师的"双师"素质，鼓励他们到行业、企业参加实际工作或项目开发，积累教学所需的职业技能、专业技术和实践经验，并取得相应的上岗登记证书或职业资格证书。只有这样，才能真正促使专业教师在教学实践中进行项目化教学改革，给予学生最真切、有用的实践指导。

（二）行业兼职教师队伍建设

对于高职商务英语实践教学体系之师资队伍建设，在加强本专业教师实践能力的同时，还应该重视行业兼职教师队伍建设，如聘请有丰富工作经验的行业技术骨干为兼职教师，切实发挥兼职教师在实践教学中的作用，从而形成一支专职为主、专兼结合的实践教学师资队伍。行业兼职教师来自行业企业，他们具有丰富的实践经验，专业技能娴熟，具有很强的实践指导能力，可以将知识、技能与经验带进课堂。此外，高职商务英语专业还可以聘请行业企业专家、骨干在担任行业兼职教师的同时，全程参与人才培养过程，与专职教师共同开发岗位职业标准、专业教学标准、课程标准，共同编写教材，共同备课，共同授课，共同指导学生实习，共同评价人才培养质量，共同培养人才，共建实训实习基地，从而在技术合作和社会服务等方面建立稳定的合作关系，这对专业建设有极好的促进作用。

例如，浙江金融职业学院商务英语专业自成立至 2010 年成为省级特色专业，短短几年就取得了卓越的成绩和长足的进步，离不开行业专家的支持与帮助。又如，中国人民银行杭州中心支行项目管理处厉义副译审，是专业指导委员会的委员，一直担任本专业行业兼职教师，参加商务英语翻译精品课程建设、教学改革项目，并承担商务英语翻译课程教学任务，参加课程和专业改革研讨和论证；启扬国际语言教育中心校长朱涛、副校长徐玉兰、杭州市翻译协会会长应远马等，同样在教学、专业建设和课程开发方面发挥了举足轻重的作用。这些行业专家是某一领域的佼佼者，有多年的经验，有独特的视角。深入了解和学习行业专家的专长，可以使学生更好地理解和把握专业学习的核心，明确人生奋斗的方向。

（三）外籍教师队伍建设

外籍教师在高职商务英语实践教学体系之师资队伍建设中也发挥着重要的作用。商务英语的学习，首先是英语的学习；英语的学习，首先是听、说技能的提高。引进优秀的外籍教师，尤其是具有商务背景的外籍教师，不仅能提高师生的英语口语能力，还能培养他们的跨文化意识，开阔国际化视野。有些教师会发现，在每学期的"生评教"中，不少外籍教师总能名列前茅，这与他们轻松有趣的上课风格不无联系，同时反映了商务英语专业学生想讲出一口地道英语的迫切愿望。当然，由于中西方存在文化差异，商务英语专业仍需在外籍教师管理上下足功夫，努力做到：外籍教师到岗之后，协助外事办帮助他们了解高职教育的发展规律及内涵和特征，区别中外学生学习的差异，明确教师教育课程的功能、任务、内容、目标等；为外籍教师选配合作教师，向其提供教学方面的支持，通过听课及课后讨论，使他们了解中国学生的特点；督促外籍教师每周定期参加教学研讨，对教学上的重点、难点进行交流、分析，互相学习课堂管理办法及教学技巧；鼓励外籍教师之间相互听课交流，取长补短，提高课堂管理技能，发挥自身优势，取得更好的教学效果。

六、校企合作开发

要想加强学生素质教育、提升学生综合素质，高职商务英语实践教学必然要走校企合作之路。这里的校企合作，不仅包含校外实践教学的具体开展，如工学交替、顶岗实习，更指学校、专业与企业进行深度合作，如订单培养、社会服务，创新校企合作载体，建立一批校企合作联合体，提升一个校企合作综合体，打造若干校企合作共生体，培育一个校企合作有机体。

第三节　高职商务英语专业实践教学体系大纲的制定

一、三种教学大纲的比较

教学大纲可以促成学生的目的与课堂教学活动相吻合。因此，它在教学中起着重要的作用。外语教学大纲的制定，应该是国家语言和语言教育政策以及社会和个人对外语教学需求分析结果的产物，必须是严格按照外语教学规律制定的文件，必须反映相关学科领域，尤其是外语教学理论研究、心理学和教育学等领域的最新研究成果。

语言学家布林（Breen）于1984年提出了编订语言大纲必须遵循四项原则：教学重心原则、选材原则、材料的分级原则和排列原则。他认为一个好的教学大纲应该具有如下功能：

（1）教学大纲应该为教师和学生提供可供操作的知识和技能框架。

（2）教学大纲应为使用者提供一定的延续性。

（3）教学大纲应为使用者提供对其所取得成绩的一种回顾参考。

（4）教学大纲应细分教学目标，以便学生对取得的成绩进行评估。

（5）教学大纲应足够明确，以便逐一执行。

（6）教学大纲应与所处的环境相配合。

环境的概念包括更大的语言教学大纲，教师语言环境、大纲参与者所处的语言环境、教育环境及教学大纲所服务的社会环境。

传统的英语教学大纲包括语言内容（结构）、主题内容和情景内容。主题内容指选择用于谈论或阅读的感兴趣的话题和专业领域知识，目的是为了学习和使用目标语（英语）。情景内容指引入主题和语言话题的情景。但是，在传统的大纲和教材中，主题和情景的考虑往往被语言内容掩盖了。而语言内容的选择往往由某一特定的语言观决定。例如，如果语言内容是主要的，主题和情景内容的选择就在语言内容被确定之后，其目的是为语言内容服务，对语言内容起补充作用。

下面笔者以《大学英语教学大纲》（高等学校本科用）、《高等学校英语专业英语教学大纲》和《高职高专教育英语课程教学基本要求（试行）》（虽然《高职高专教育英语课程教学基本要求（试行）》的名称不是教学大纲，但它起到了教学大纲的作用）为例来分析我国外语教学大纲制定中存在的一些问题，并对高职高专英语专业教学大纲的制定提出建议。

从大纲的构成（内容）来看，《大学英语教学大纲》由大纲本身、四个附录（词汇表、语法结构表、功能意念表、语言技能表）、参考文献和修订说明组成，包括教学对象、教学目的、教学要求、教学安排、测试、教学中应注意的几个问题。

《高等学校英语专业英语教学大纲》由前言、大纲本身、修订说明三个部分组成。就大纲本身的内容来看，其包括培养目标、课程设置、教学要求、教学原则、教学方法与教学手段、测试与评估。

《高职高专教育英语课程教学基本要求（试行）》由基本要求和四个附件（交际范围表、语言技能表、语法结构表、词汇表）组成。基本要求包括适用对象、教学目的、教学要求、测试、教学中需要注意的几个问题。

可以看出，这三份教学大纲实际上已经超出一般意义上的教学大纲的范围，涉及英语教学其他过程、本来属于课程设计的内容。

从文件中我们可以看出，三份大纲在许多地方吸收了相关学科的最新研究成果，如语言能力的定义，对教学原则、测试和评估原则的陈述，尤其是《大学英语教学大纲》还专门列出了参考书目，说明大纲的制定者广泛吸收了国内外的相关研究成果；《高职高专教育英语课程教学基本要求（试行）》还针对目前高职高专学生入学水平参差不齐的实际情况，提出了较为科学的"统一要求，分级指导"的原则。但是，这些大纲都明显缺少了两个内容：对语言和语言学习，尤其是外语学习本质的描述，以及对课程设置的依据和实际操作要求的描述。

从大纲的类型来看，这几份大纲主要属于产品式大纲，《大学英语教学大纲》

和《高职高专教育英语课程教学基本要求（试行）》用附录的形式列出了要求学生掌握的具体的语法、词汇、功能、意念项目。同时，这些大纲都属于组合式大纲，大纲设计者希望通过分散的方式将语言项目由浅入深地教给学生。

二、高职英语专业教学大纲制定的原则及指导思想

从对已有的教学大纲的分析我们可以看出，制定教学大纲前的需求分析无论是在规模还是在科学性方面都存在问题，这是我国教学大纲制定过程中的一个薄弱环节。同时，教学大纲在对需求的说明方面也显得比较模糊和笼统。

对于学生的需求分析和社会需求分析是制定教学大纲的出发点。理查兹（Richards）认为，对学生的需求进行分析可以起以下几个方面的作用。

（1）为教学内容的确定、教学大纲的设计和语言规划的实施提供更广泛的信息。

（2）可用于确定教学目标和教学内容。

（3）为回顾和评估业已存在的教学规划提供资料。社会需求对于高职高专英语专业学生的培养目标起着决定性的作用。因此，在制定教学大纲之前也要对社会需求进行分析，以确定教学目标和教学内容。

教学大纲是课程教学内容的纲领性文件，是教师教学的基本依据。高职高专英语专业制定教学大纲应全面贯彻党的教育方针和《教育部关于加强高职高专教育人才培养工作的意见》的精神，坚持以"学生为主体，教师为主导"，突出课程的针对性、实用性、实践性和先进性，构建具有高职教育特色、适应社会需要、理论联系实际的课程教学内容体系。

《教育部关于加强高职高专教育人才培养工作的意见》指出："课程和教学内容体系改革是高职高专教学改革的重点和难点。要按照突出应用性、实践性的原则重组课程结构，更新教学内容。要注重人文科学与技术教育相结合，教学内容改革与教学方法、手段改革相结合。教学内容要突出基础理论知识的应用和实践能力的培养，基础理论教学要以应用为目的，以必需、够用为度；专业教学要加强针对性和实用性。"

教育部高等教育司于1999年颁布了《大学英语教学大纲》，2000年颁布了《高等学校英语专业英语教学大纲》和《高职高专教育英语课程教学基本要求（试行）》。这些大纲与要求分别是大学本科非英语专业、英语专业以及高职高专非英语专业英语教学的重要指导纲领。高教司于2004年发布了《大学英语课程教学要求（试行）》。该要求明确了大学英语教学的性质和目标，并要求各高校根据具体情况制定教学大纲，以便更有效地开展教学。由此，在明确了英语教学的性质和目标后，

各高职高专院校的英语专业可根据自己的实际情况制定出更适用于本专业各个科目的教学大纲。

前面分析的三种英语教学大纲，广义上是指英语这一学科的教学指导性文件。在我国，这类教学大纲一般是由一些权威机构，如教育部、教育部高等教育司或有关部门组织、委托某个教学大纲修订工作组进行制定的。而我们平时所说的教学大纲是狭义的大纲，也就是指某一门课程或科目的教学指导性文件。

在此，笔者结合前面已颁布的大纲与要求，对高职高专英语专业英语教学大纲及高职高专英语专业其他科目教学大纲的制定提出几点建议。

（一）强调语言观和语言学习观的描述，加强教学大纲制定的理论基础

教学大纲起着课程设计的功能，它是学科教学或科目、课程的指导性文件。任何一种教学方法都是建立在一定的语言观和语言学习观上的。也就是说，任何一种教学理论都会涉及对语言本质和语言学习本质的认识。

语言从某种程度上来说是一种技能（Skill），而非知识（Knowledge），所以强调语言技能教学非常重要。所谓语言技能，是指语言运用的方式或方法，听、说、读、写一般被称为四项语言技能，说和写被称为主动性/输出性技能（Active/Productive Skills）；读和听被称为被动性/接受性技能（Passive/Receptive Skills）。因此，英语教学要注重技能培养，注重语言运用。英语专业教学大纲也应体现和突出语言的实践性。由此可以看出，在制定教学大纲时，一定要对语言观和语言学习观进行描述，加强其理论基础。

（二）明确课程的性质、目标和在专业教学体系中的地位，处理好课程之间的接续关系

教学大纲是学科教学的指导性文件。它是教材和教学参考书的选编，授课计划的制定，成绩考核，教学检查及课程评估、评价的重要依据。教学大纲还应明确规定本门课程在专业教学计划中的地位和作用，指导教学活动和课外活动，确定本门课程教学的基本任务和要求，依据学科的知识系统与有关前导课程、后续课程之间的联系，确定各章、节的基本内容、重点和难点，并能反映出本学科的新成就和学科发展的方向；同时要提出本门课程教学组织实施的原则和学时数，并分列讲授课、习题课及其他实践性教学环节教学时数的分配。

制定大纲最重要的是对教学目标的描述及对实现这些目标途径的描述。由于语言的特殊性质，学习一门语言无非有三种目的：作为交流的工具、作为思维训练和智力开发的一种方式、作为语言研究的对象。这三种目的在不同的情况下可能得到不同程度的强调，但显然可以并存。英语教学大纲必须明确地描述英语课

程的目标。针对高职英语专业的学生，学习英语的前两种目的一般来说优先于第三种目的。

制定教学大纲，首先要明确课程的性质与目标。因为只有明确课程性质与目标，才能科学地提出课程的教学基本要求和安排教学内容及学时。课程目标是一定教育阶段的专业课程方案，是力图最终达到的标准或预期学习效果，是学生学完某个课程后将要达到的或获得的知识、能力和态度等。课程目标是集中和具体地反映教育目的与培养目标的要求，是指导整个课程设置的准则。高职的课程目标既要指向具体的职业岗位，又要指向培养对象的可持续发展，具有兼用性。

在教学大纲中，需写明按课程性质划分的课程类型，并对课程的教学任务进行细化，再提出教学基本要求。制定教学大纲时，还要根据专业教学计划明确各课程在整个专业教学体系中的地位，确定其前导课程和后续课程，从而能从专业教学的全局出发，合理安排课程的教学内容，使各课程上承下传、互相衔接，形成完整的课程教学内容体系。

（三）适应社会需要，保持课程的针对性、实用性和先进性

为了使学生能够学以致用，适应社会主义现代化建设需要，课程的教学内容必须适应社会需要，具有鲜明的针对性、实用性和先进性。

所谓针对性，就是不仅课程本身是针对培养目标设置的，教学内容也是针对培养目标和培养对象安排的。培养目标要针对社会需要确定，社会需要包括当前需要、近期需要和长远需要，三者必须兼顾，使学生不仅具有毕业后就业上岗的能力，且具有可持续发展能力。教师在课程安排和教学中，不但要教授学生英语知识，还要教授他们学习方法，培养他们的学习能力，以便学生毕业后能胜任本职工作，并不断学习新知识、新技能，顺利完成各项任务。

所谓实用性，就是课程的教学内容是相关行业生产、服务和管理第一线所实际需要的，或是培养能力和提高素质所需的。考虑到学时有限，各课程的教学内容应精益求精，理论课程应以服从服务职业能力培养为目标，确定"必需、够用"的"度"；实践课程则要强化技能训练和技术应用，达到懂原理、会操作、能应用。对于英语专业学生来说，他们的英语知识以"够用"为度，专业知识以"实用"为主，最终达到"应用"的目的。

所谓先进性，就是课程的教学内容要"新"，能反映新知识、新技术、新工艺、新方法，通过教学，能使学生了解和掌握相关领域的最新发展动态、最新科技成果，从而跟上时代的步伐，进入专业和相关行业的先进技术领域。先进性还要体现在教学过程、教学方法手段、考核方式、教学条件等方面。英语专业教学大纲应体现新知识，而不是重复教授学生已经过时的英语表达，同时应及时尝试新的教学

手段和方法，以提高教学质量。

（四）理论教学与实践教学相结合，注重能力培养

高职英语教育从总体上说，应做到传授知识、培养能力和提高素质相结合，并以培养实务能力为主线。在非实践课程的教学大纲中，要对实践教学环节做出安排，提出总的要求，还要写明各单元的实践项目及具体要求，并在教学中落到实处。实践课程也要明确基本的理论知识要求。

三、教学大纲的内容和格式

从第二节笔者对各类教学大纲的分析、比较来看，每一类大纲都在某种程度上反映了制定者对语言本质和语言学习本质的理解，每一种大纲都是为了完成某些特定的教学目标而设计的，都有可取之处。然而，每一种大纲又具有其内在缺陷。高职英语教育与普通高等英语教育有许多共性，但由于其教学要求、教学目标、教学内容、教学方法等方面的内在差异，尤其是其独特的教学理念和模式以及其自身的教学规律和教学特点，其与普通高等英语教育存在区别，因此，其教学大纲也应与普通高等英语专业大纲有所区别。

高职英语专业教学大纲应综合各类教学大纲的长处，结合高职实际，突出其特点，从而达到其教学要求，实现教学目的和人才培养目标。高职高专英语专业教学大纲根据其培养目标和学生特点，可采用功能—意念大纲和任务式大纲的结合形式。

教学大纲的主要内容包括课程的性质与任务、教学基本要求、教学条件、教学内容及学时安排、教法说明、考核方式及评分办法、教材与参考书等。

高职英语专业课程中应有相当部分属于实践课程，其界定主要考虑以下几点。

（1）以培养专业技能和实践能力为主要任务的课程。

（2）课程名称中带有"训练""实训""实习"的课程属实践课程，整周进行的集中实践也属于实践课程。

（3）既有理论教学又有实践教学，其中实践教学学时较多的是"三明治"。这类课程实践学时占课程总学时的比例原则上应大于50%，但有些课程在教学计划中安排的实践学时不到课程总学时的50%，实际上却是以培养专业技能和实践能力为主，仍应定为实践课程。

（4）教学大纲中写明的课程学时应包括理论教学学时和实践教学学时。

（5）各课程应根据英语专业培养目标和教学基本要求确定课程的任务，并安排教学内容，切忌照搬某本教材的章节。即使有的课程的教学内容与某教材的章

节基本一致，也不要出现"章""节"这样的字眼，要进行适当的重组和整合，以单元为单位组织教学内容，突出高职教学和专业特色。教学大纲内容应简明扼要，能按附件格式（表格）表示的就不用文字表述，避免过繁过长。

随着教育事业的发展和教学改革的深入，我国大部分教师都能制定出完善的教学大纲作为课程教学的指导性文件。其主要内容不仅包括课程性质与任务、教学基本要求、教学条件、教学内容及学时安排、教法说明、考核方式及评分办法、教材与参考书等，还包括学时学分、前导课程、后续课程等。在制定教学大纲之前，教师一定要做详尽的调查，根据学生的需求、社会的需求、语言学习规律、学生特点来制定大纲。一旦制定出来，就不应随意更改。

在一些教育发达的国家，教学大纲不仅是教师教学的指导性文件，也是学生学习的依据。在上第一堂课时，教师会给每个学生发一份教学大纲，让其清楚本学期这门课程的性质、任务、教学目的等信息，让他们学得明明白白。除了教学大纲应具有的内容外，还可附上一份评估表格，让学生在学完此课程后填写。一方面，教师可以了解学生的学习情况、课程讲授情况；另一方面，也让学生对课程学习做一个总结，知晓自己对知识的掌握情况。我国高职英语专业的教育工作者也可借鉴国外教学大纲中好的编排方式、内容及一些好的做法（如附上评估表格），让学生更好地达成学习目标，获取更多的知识、能力。

第四章　产教融合背景下高职专业英语学生学习策略建设

第一节　专门用途英语学习策略

一、策略

"战略"一词源于军事术语，指为实现战略任务而采取的手段，具有灵活性和流动性。它主要有两层含义：一是为实施战略或实现特定目标而采取的行动计划；二是详细的计划、方法或计划。在现代社会，战略被广泛应用于多个领域，尤其是政治和商业领域。学术界一致认为，战略是根据活动目标、情境特点和不断变化的需求制定的行动政策和活动模式。

二、一般学习策略和英语学习策略

学习策略（Learning Strategy）可以分为一般学习策略和英语学习策略。

一般学习策略是指学生为了有效地学习和发展而采取的各种行动和步骤，它具有以下几方面的特征。

（1）学习策略是实践的过程。

（2）学习策略是体验的过程。

（3）学习策略是适应的过程。

（4）学习策略是巩固的过程。

（5）学习策略是自省的过程。

（6）学习策略是创新的过程。

英语学习策略是指英语学习活动中有效的学习规则、方法、技巧及调控方式。英语学习策略在整个策略体系中的位置如图4-1所示。

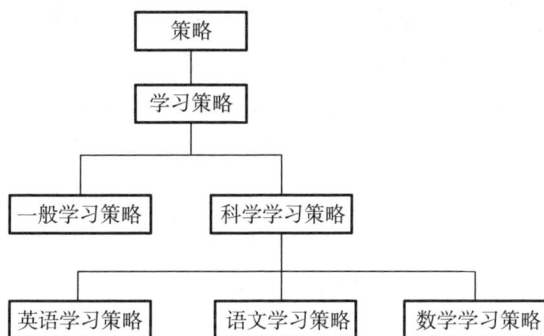

图4-1 英语学习策略

根据国内外学者的研究成果，学习策略的定义主要有以下几种。

（1）策略常用来概括语言学习中所采用方法的总体趋势或总体特征，而技巧则用来描述视觉行为的具体形式。

（2）学习策略是学生技能、方法或深思熟虑的行动，其目的是为了提高学习效果。

（3）学习策略有利于发展学习者的语言系统开发策略。这些策略可以直接影响语言的发展。

（4）学习策略是学习的规则体系。

（5）学习策略是学习活动，研究者从不同角度揭示了学习策略的特点。

（6）语言学习策略是学习语言时的做法和想法。这些做法和想法旨在影响学习者的编码过程。

（7）语言学习策略是学习者为使学习更成功、更自主、更愉快而采取的行为或行动。

尽管上述观点各有侧重，但都是基于认知理论的。笔者认为，学习策略是指学生在学习过程中对学习活动进行自我控制和调节的外显行为和内隐心理活动。

三、英语学习策略和英语学习方法

学习策略是一种有效学习的学习者的学习活动程序、规则、方法、技巧和控制方法。它可以是隐含的规则系统，也可以是显式的操作程序和步骤。教育科学研究人员在20世纪60年代末开始系统地研究英语学习策略。英语学习策略和英语学习方法或学习英语技能容易混淆。许多人认为英语学习策略和英语学习方法是指同一件事，只是表述方式不同，没有必要区分。事实上，二者具有明显不同。

1. 策略层面不同

英语学习策略是英语学习者为了达到更好的英语学习效果而采用的策略，也是英语学习者为了掌握英语交际能力而获取、储存、提取或使用信息的一套实践或步骤。它既有宏观策略（如用于完成学习活动或学习任务的策略），也有微观策略（如学习者对其学习目标、学习过程和学习结果的规划、调节和评估）。当教师要求学生改进或调整英语学习策略时，他们的意思是逐渐用一套新的学习策略取代原有的学习策略。也就是说，他们需要逐渐将各种学习技能发展成一个相互合作和支持的学习策略系统。英语学习策略体系具有四个特点：整体性、开放性、动态性和两面性。

英语学习方法是指英语学习者为了解决英语学习问题或使英语学习过程更有效而采取的具体实践和手段。例如，"早上朗读40分钟英语文章有助于提高英语口语表达能力"是一种英语学习策略，"每天早上反复读英语课文，直到能背诵"是一种英语学习方法。又如，"在英语阅读中，通过上下文猜测词义有助于提高阅读速度"是一种英语学习策略，而"为了提高英语阅读速度，我经常通过上下文猜测词义"是一种英语学习方法。

2. 涵盖范围不同

在语言习得理论中，语言学习策略是指学生在发展第二语言或外语技能的过程中，为促进学习而使用的特定行为步骤或技能。这被认为是促进英语语言的内化、储存、提取或使用。语言学习策略是学习者采取的一种行为或行动，它使语言学习更成功、自主意识更强、学习过程更愉快。根据这一理论，可以说英语学习策略属"战略"层面，是指何时使用哪种技术、手段或技能的决策过程，以及对技术、手段或技能本身的理解；而英语学习方法属"战术"层面，是指英语学习者在英语学习过程中处理特定问题的技术或技能。英语学习策略所涵盖的远不止英语学习方法或英语学习技能。在阅读过程中，当遇到不认识的生词时，可以采取很多方法。例如，你可以问同桌、问老师、查词典、根据上下文猜单词的意思或者干脆忽略它；即使决定查字典来弄清生词的意思，你仍然面临着使用印刷字典还是电子字典的问题。这些是具体的英语学习方法或技能。然而，无论使用哪种方法，你都会根据当时的具体情况做出适当的选择或决定。选择或决策的过程就是使用学习策略的过程。从这个角度来看，英语学习策略就是对英语学习方法、手段或技能的选择和使用。

第二节　商务英语技巧学习策略

一、英语听力学习策略

在实际的英语教学过程中，教师经常听学生说听力理解是他们学习英语的难点。

（一）听力理解中的主要困难

学生在听力理解过程中遇到的困难，归纳起来主要有以下几种。

1. 缺乏语言基础知识

听力理解的困难之一，可能是学生的语音、词汇和语法基础知识不够牢固，特别是在初学阶段，学生对英语的语言形式不熟悉，缺乏必要的词汇和语法知识，无法建立起基本的视觉形象。即使能够建立起基本的视觉形象，如果学生的发音不准确，也谈不上正确理解对方的谈话内容和传递的信息。此外，在收听英语节目或者收看英语电视节目的时候，需要社会文化和生活中各个方面的基本词汇，如政治、经济、军事、科学技术、地理和文化，而现有的高职高专英语教材因为注重应用、商务等方面的词汇，社会文化和生活词汇相对缺乏，学生感觉难以听懂节目内容也就不足为奇了。

2. 缺乏文化背景知识

中西方文化背景知识对理解听力材料非常重要。在语言心理学中，文化背景知识被称为"图式"。图式理论是关于文化背景知识在听力理解中作用的理论。国内外许多学者发现，有相关文化背景知识的学生比没有相关文化背景知识的学生的考试成绩更好。如果学生对中西方文化知识有更好的理解，就可以有效地提高听力理解的准确性。

3. 对说话人的语音语调不熟悉

不少学生反映，刚跨入大学之门，他们很难适应老师在课上用英语授课，或者在收听英语广播、收看英语电视节目时不但听不懂，而且对其中的语音语调感到很陌生、很不习惯，明明是很熟悉的词汇，就是反应不过来。这是因为学生对英语老师、播音员的语音语调不熟悉。

4. 忽略或不能理解非语言信号

要达到用语言进行双方沟通、理解的目的，除了正确使用语言之外，还需要了解其他非言语性语言，如肢体语言、语调、停顿、语气。这些因素能帮助学生在听力理解过程中正确理解说话者的意思。但是，在收听英语广播节目的时候，学生无法根据肢体语言来判断，只能依靠说话者的语气、语调、语流等变化把握说话者的表达内容和说话意图。这就增加了听力理解的难度。

造成学生听力理解困难的原因是多种多样的，有客观原因，也有主观原因，主要是由听力理解活动的本质决定的。只要高职高专英语专业学生能够正确认识听力理解的特点和规律，看到自己在听力理解中的优势及劣势，根据自己的实际情况选择正确的听力策略，那么他们是完全有可能提高自己的听力理解水平的。

（二）英语专业听力学习策略

1. 夯实英语语言基础

（1）学生应该把重点放在改善语音质量上。

（2）学生应该努力扩大词汇量，尤其是新闻词汇。

（3）学生应该了解英语听力材料或新闻时事的语法特点，掌握新闻英语的特点和规律。

2. 完善文化背景知识结构

我国高职院校英语专业学生的文化背景知识相对薄弱。古希腊文明和希伯来文明是西方文化的两大源头。西方文明的发展对当今西方的政治、经济、宗教、传统、军事、科技均产生了深刻的影响。在全球一体化的今天，中西文明在碰撞中融合，在交流中升华。英语专业学生应该对上述文化有基本的了解。此外，有以下具体方法来扩展知识和提高听力理解。

（1）在收听英语新闻之前，先听中文时事报道，获得第一资讯。

（2）阅读中文报纸，特别是国际专版，了解国际时事发展动态，掌握国际热点问题资讯。

（3）在收看英语电视节目之前，应先收看中文电视节目，特别是在初级学习阶段。在收听英语广播、收看电视节目的时候，应养成多听、多记、多读的习惯。对于不熟悉的地理名称、人物名字、事件专有名词，要勤查字典、翻阅资料，利用互联网不断扩大知识面。重大的新闻事件，一般会连续追踪报道，少则几天，多则数月，这是了解事件前因后果的最佳时机。只要持之以恒，日积月累，一定可以走出因背景知识贫乏而影响听力理解的困境。

3. 注意国际礼仪常识的积累

在和国际友人交往过程中，无论是什么民族、什么国家的人，见面打声招呼、问声好，分手道声别、说声再见，是国际礼仪的最基本要求。学生在学习英语过程中应注意积累国际礼仪方面的知识，这有助于其在听的过程中正确理解对方的谈话内容和表达的思想。在国际交往中，经常是面对面的交流，学生可以根据说话者的语气、语调判断他们的意思和意图，从而掌握对方的思想内容和情感变化。

4. 听觉信息和视觉信息相结合

听力理解主要依靠听觉获取相关信息，但仅仅依靠听觉获取信息远远不够，视觉信息也十分重要。例如，图片、表格信息对于提高听力理解能力起着十分重要的作用。

5. 课内课外相结合、精听泛听相结合

许多新同学在刚入学的时候，发现英语听力课程每周只有两个学时，错误地以为听力课程并不重要，可以轻轻松松地应付过去。实际上，这是一个很大的认识误区。听力课时的安排受学制学时的限制。目前，我国职业技术院校英语专业的学制以两年制和三年制为主，由于时间紧、任务重，教学计划只安排每周两学时的听力课，目的是在有限的时间内让学生掌握提高听力理解的方法。然而将方法转化为能力，需要大量的练习。学生要提高听力水平，必须做到课内和课外相结合，而且要把课内学习方法运用到课外的听力活动中。提高英语听力能力，关键要在课外下功夫。

在课外听力活动中还有一个问题要注意，就是精听和泛听相结合。精听和泛听对提高英语听力水平大有益处。

精听是提高听力水平的必经之路。在精听时，学生要做到精确详细，充分理解内容，即使有听不懂的地方，随着听的次数越来越多，听懂的内容会越来越多，理解也会越来越深刻，学生可明显感觉到自己的进步。这种进步对学生来说是一个正面的反馈，能提高学生的自信心，进一步调动学生学习的积极性。但是，精听费时间、耗精力，所听的量有限。

泛听具有灵活性，学生可以灵活利用休息时间进行泛听练习；内容比较丰富，学生可以把主要精力放在获取信息上。如果条件允许，可以适当做笔记，一方面可以学习语言知识，另一方面可以获悉新信息，一举两得。但是，泛听具有不可控性，内容瞬间即过，不能重复。

学生应该根据自己的实际情况，有计划、有目的、有意识地进行听力训练，处理好课内和课外、精听和泛听的关系。

二、英语口语学习策略

口语是一种以英语为工具的交流手段。它是一种表达思想和口头交流的交际能力。高职高专英语专业应加强对学生从语言知识到口头表达和语言交际能力的培养和训练。换句话说，学生通过听和读获得知识、信息和语言。经过大脑处理和思维转换，学生在原有语言知识的基础上对所获得的内容和语言进行处理和重组，赋予其新的内容和意义，然后输出，从而完成整个过程。

真实英语环境中的口语大致可以分为两类：一是正式口语，其特点是场合严肃、语言准确、结构严谨；二是非正式英语口语，其特点是即兴演讲、边想边说，或不假思索地脱口而出、不可避免地要重复单词和句子。根据我国职业技术学院英语专业的培养目标，学生必须在教师的帮助下养成良好的口语交际习惯：准确、清晰、流利和具有一定的表达能力。同时，学生要注意训练，思维清晰，口语表达有一定的逻辑性。根据这一目标，学生在提高口语表达能力的过程中，应注意克服不良习惯和客观困难，利用更多的交流机会与他人进行有效沟通。

（一）正确处理技能学习和技能运用的关系

口语能力的培养大致经历两个阶段：一是技能学习阶段，主要是获取语言知识和学习交际技能，采用的是机械语言训练的形式；二是技能运用阶段，主要是将所获得的语言知识和交际技能运用到实际交际中，采用的是语言能力的交际训练。

技能学习阶段，就是学习语言形式，如句型和句法、词汇和表达方式的阶段，将语言知识输入大脑，将句型和句法记熟，为运用做好准备。这个阶段虽然枯燥单调，却是口语表达能力的基础，不可忽视，学生一定要耐心练习。技能运用阶段，就是将掌握的语言形式运用到实际的交流活动中的阶段，学生在现有的语言形式基础上进行口语练习，如两个人对话、小组讨论。学生在这一阶段应该以积极参与的态度，利用一切机会将语言知识转变为可交际的口语形式，达到实际运用和提高技能的目的。

技能学习的目的是为了能够应用，学生要想方设法，创造运用语言知识和语言技能的机会。技能学习是技能运用的基础，技能运用是技能学习的提高。两个阶段的任务不同，各有侧重，却又密切相连，不可分离。正确处理好技能学习和技能运用的关系，是提高英语口头表达能力和交际能力的关键。

（二）正确处理准确和流利的关系

职业技术院校英语专业的学生中有不少人过分注重流利而忽视准确性，错误地以为流利就是越快越好。准确性是指学生能够准确地措辞，说出符合语法规则的英语句子，把握正确的语音语调；流利性是指学生能够做到口语表达自然、正常，在语流、语速、停顿、节奏等方面接近或者达到英语本族语言使用者的水准。忽视准确性而片面追求流利性，或者牺牲流利性而过于注重准确性都不利于提高英语口语能力。

鉴于目前职业技术院校英语专业的培养目标，即具有比较强的语言交际能力，同时考虑到学生在汉语的环境中学习英语，笔者认为在处理语言准确性和流利性的关系上，准确性和语言能力更为重要，甚至在有些时候，宁可采用"以准确性为主，以流利性为辅"的学习策略，尤其是在低年级阶段。这并非意味着语言的流利性和交际能力不重要。学生在选择使用学习策略时，在保证语言准确性的同时，会根据不同阶段的学习任务和重点进行语言流利性练习。随着学习英语时间的推移、语言能力的提高、语言形式的逐步完善，学生再逐步提高对自己口语流利程度的要求。

（三）朗读和背诵

我国传统教育非常注重朗读和背诵的习惯，学生从幼儿时期就开始朗读和背诵唐诗、宋词。我国诸多英语学习者认为，朗读和背诵是学好英语的重要方法，只要朗读和背诵运用得当，就能为以后的英语学习与口语表达能力的培养打好基础。

（1）朗读和背诵能有效训练发音器官，使之适应英语发音需要。语言学家认为，汉语和英语的发音有明显的不同。在汉语里，汉字是单音节，多数辅音不在词尾；而在英语里，英文单词辅音在词尾，或者辅音连缀现象极其普遍。这就意味着，当学生碰上英文单词在词尾的辅音或者连缀的辅音时会很不习惯，舌头往往不听使唤。因此，我国学生要想提高英语口头表达能力，必须持之以恒地训练舌头等发音器官，以适应英语发音特点和规律，而朗读和背诵是行之有效的方法。

（2）朗读和背诵有助于改善语音语调。我国学生处于汉语的语言环境中，母语对学习英语有不少干扰。要求学生通过交流来改善英语的语音语调和提高英语口语水平显然不太现实。即使是交际教学法主张的最简单的对话练习或者角色扮演也受到别人的时间安排、场地或者其他条件的限制。而朗读和背诵就不会受到客观条件的限制，只要愿意，只要有时间，学生就能够随时随地进行朗读和背诵。

甚至当自己没有合作伙伴和交流对象的时候，学生还可以朗读和背诵交流对象的语句或者段落，扮演两个角色，达到一石二鸟的效果。

（3）朗读、背诵与模仿相结合。目前，英语学习材料多如牛毛，学习工具也层出不穷。这些为英语学习者通过模仿、朗读和背诵来学习英语创造了非常好的条件。朗读、背诵与模仿相结合是一个有效的学习策略。

笔者在长期的高职英语教学中发现：许多学生觉得英语口语难以提高，很重要的一环是忽视了朗读。事实上，朗读是一条学好语音的有效途径。根据笔者的调查，口头表达能力强的学生认为朗读对英语学习有帮助。71% 的学生认为他们在朗读的过程中，既练习了听力、语音，又放松了自我。朗读就是运用重音、节奏、语调等语音手段，把语言材料中的思想感情表达出来。朗读就是清晰、响亮地把词汇、句子、文章等语言文字材料念出来。朗读有助于学生纠正他们错误的语音语调，从而让他们说出正确的英语。

（四）创造练习口语的机会

上文提到，我国学生在学习英语的过程中遇到一个很大的困难，即母语的干扰。因此，每个英语学习者都应想方设法营造和模拟真实的英语语言环境。

1. 内心独白

除了前面提到的朗读和背诵外，还有一个办法是用英语进行内心独白。"内心独白"是文学创作领域的一个名词，是意识流小说常用的一种创作技巧，以一定的语言形式描述人物内心的思想意识活动。在英语学习策略研究上，内心独白受到许多学者的推崇。因为内心独白不受时间、地点等客观条件的制约，英语学习者也没有心理压力，大可跟随自己的想象，插上自由的翅膀，设想各种各样的情景，随心所欲地扮演各种角色，既不干扰别人，也不用担心别人笑话。可以设想一个场景、锁定一个图片，然后在大脑中默默绘声绘色地进行描述练习。路上、车上、船上，到处都是展现语言才能的舞台。

2. 结成口语交流对子

不少学生认为，练习英语口语一定要找比自己水平高的同学或者朋友，或者找个"老外"。这种做法很好，但是在实际生活中恐怕难以做到，因为水平比你高的人不一定总是愿意陪你练习口语。最理想的办法是找一个和自己一样有决心、有恒心的同学。两个人年龄相仿，有共同爱好，背景和经历相似，交流起来就有共同话题，容易找到讨论的切入点，而且有比较好的理解基础，从而避免知识水平和文化背景不同带来的交际困难。交流的内容灵活多样，可以谈论日常生活中的事情，也可以复述故事、谈论国际时事、评论电影、讲故事、讲笑话，海阔天空，无所不谈。两个人应互相鼓励，互相促进。

3. 组织英语沙龙

如果学生性格活泼，喜欢交朋友，觉得结成英语交流对子不够热闹，那么就找几个志趣相投的朋友，组织一个英语沙龙，定期或者不定期地举行一次活动，就一些共同关心的、感兴趣的话题，发表各自的看法。发言形式可以是自由形式，你一言，我一语，轻轻松松，随随意意；也可以是轮流发言的形式，主讲人就某一个问题发表演说，其他人围绕着主题进行讨论，甚至辩论。如果客观条件允许，可以请不同国家的教师或者学生一起参加。

4. 参加英语角

在英语角，学生可以和不同的陌生人自由自在地练习口语，即使说错了或者说得结结巴巴也没有关系，谁也不认识谁，不会有压力。

（五）善用交际策略

既然英语不是学生的母语，那么学生在用英语交流时说得不太流利也是情有可原的。为了让英语交际能够顺利地进行，学生有必要使用一些有效的交际策略，从而帮助表达思想，促进沟通。

1. 善用肢体语言

肢体语言在交流过程中能够传递大量的交际信息。相关研究表明，有70%以上的交流信息是通过肢体语言传递的；肢体语言更能够传递说话者的思想情感和说话态度。肢体语言包括微笑、站姿、眼神、点头等。在用英语和对方交流时，应注意适当运用肢体语言并随时注意对方的反应，使交流更加顺畅。

2. 主动打招呼

主动和对方打招呼是尊重对方的表现，也可以传达交流的意愿。当他人主动向自己打招呼时，应该积极回应对方的话语，认真听对方讲话，同时把自己对话题的看法或者感受告诉对方。只要真诚相待，交流一定会顺利进行。

3. 适当迂回

有时候会发生双方交流出现障碍，一时找不到合适的话题、词句的情况，这时就需要采用适当迂回的谈话策略。迂回是说话人采取的一种积极态度，表明说话人在语言表达能力上存在一些欠缺；但是从另一个角度可以看出，迂回是说话人为了使交流顺利进行而采取的一种有效的补救措施。因此，在用英语进行交流的场合，学生在遇到交流障碍或者交际困难的时候，应想方设法积极努力，争取用英语表达思想的机会，这样才能提高口头表达能力。

三、英语阅读学习策略

阅读能力是英语交际的主要能力之一。对于大多数学生来说，提高英语阅读能力是一个非常重要但并不容易的学习过程。尽管职业技术学院的英语教学一直重视培养学生的阅读能力，但由于传统的英语教学承担了太多词汇、语法等语言基础知识的教学任务，故英语教师往往花费大量的时间和精力进行专项阅读训练，帮助学生掌握和练习知识点，但以思维能力和阅读技能为核心的阅读能力训练不足，不利于学生阅读能力的提高。

英语阅读理解包括四个层次的理解：文本、段落、句子和词汇，其中最基本的是对词汇的理解。如果词汇量太小，读一篇文章，到处都是生词，文章读起来就不流畅。词汇是语言的基本要素，句子是表达意义的基本结构。理解每个句子的意思是真正理解段落或文章的基础。快速准确地理解句子的意思至少需要三个层次。一是理解句子中每个单词的意思和相关的词法；二是理解句法结构；三是理解句子与语境的关系。其中，理解词法和句法结构是句子阅读理解的关键。掌握英语语法，能够熟练地将英语语法知识运用到英语阅读实践中，是提高阅读理解能力必须具备的基本技能。为了提高英语阅读能力，学生应该掌握有效的阅读策略，克服现有的不良阅读习惯，并根据不同的阅读目的和不同的阅读材料调整阅读策略。

（一）科学处理生词

（1）对不重要的生词，如不影响阅读理解，可以跳过去。例如：

Her youngest son, dressed in a blue blazer and brown suede sneakers, went to the table and began to gobble. He hadn't eaten anything for a whole day.

可能学生不认识其中的"blazer""suede""sneakers"，但跳过这些生词，学生还是能够明白"她儿子饿极了，一坐下来就大吃一顿"的意思。

（2）根据主题和上下文推断熟词的生义。例如：

Many people believed that when specific muscles are exercised, the fatty tissues in the immediate are burned up.

此句中的"exercise"为动词，教师应该引导学生在名词"练习"的基础上进一步掌握动词"锻炼"的含义。

（3）根据上下文猜测、判断词义。

为了便于学生理解，许多教师在论述某个概念时，会对生词、词组或者术语做进一步的解释和说明。

（4）利用构词法知识来辨识生词。

派生（Derivation）是重要的构词法之一，通过词根和已知的词根（包括前缀和后缀），一般能猜出生词的意思；越来越多的混合词更是一看就知道。例如：

smog（烟雾）由 smoke（烟）和 fog（雾）构成；

motel（汽车旅馆）由 motor（汽车）和 hotel（旅馆）构成；

interpol（国际警察）由 international（国际的）和 police（警察）构成；

intercom（对讲机）由 inter（前缀，意为"相互"）和 communication（交流，联系）构成。

英语中有很多这样的词，随着时代的进步和科技的发展，这样的词会层出不穷。掌握这种构词法，即使在阅读过程中遇到生词，也能猜出它的大体意思。

（5）利用同义词或者反义词推测出生词的含义。

英语中有大量的同义词和反义词，为语言的丰富性和多样性提供了生动的表达方式，但是亦让学生颇为头痛。任何一篇好的文章，其作者总是不断变换措辞和表达方式，以增强文章的可读性和欣赏性。学生在陌生的单词附近，总能找到相似的单词。例如：

I am not saying we've never had any problems. The occasional disagreement is only natural. Our worst rows are on Sunday morning. I usually try to have a long sleep and Lucy gets a bit angry with me, because she has to deal with the children，single-handed.

如果译者不知道"rows"的含义，可以看看其前后的词，可发现有"problems"和"disagreement"两个词，它们是同义词。

除了同义词外，反义词也能帮助我们理解。反义词反映的是转折的逻辑关系。例如：

She manages money judiciously while I manage money unwisely.

从"while"可看出，"judiciously"与"unwisely"可能为反义关系，故由"unwisely"可推测出"judiciously"在此处为"wisely"（明智地）。

（二）分析复杂的句子

要理解一个句子，我们必须进行语义分析和句法分析。一般来说，读者并不知道句法分析的过程，但当他们遇到一个更复杂的句子时，读者往往会有意识地对其进行分析，以弄清句子内部的关系。例如：

Please tell the president of the university that I am very grateful to the professors and students for arranging this visit and for the warm welcome I have received here and that when I go back to my country I will certainly tell my people all about my visit here.

这是个复合句。句中两个"that"从句都是动词"tell"的直接宾语，因为它们被隔开得太远，造成了理解上的麻烦。这就需要运用句法分析的手段弄清主从句之间的关系，帮助正确理解。

（三）分析语境

语境可以分为两种：一是情景语境（Context of Situation），二是文化语境（Context of Culture）。有时，学生认识一句话中所有的词，也清楚语法结构，但就是不理解句子的意思。问题不在于词汇、语法或句子的表层意义，而在于学生不能把句子与其情景语境和文化语境联系起来。例如：

You will have to ask a zero.

单独一个句子会让人费解，但是如果告诉你这是在美国，一个人打电话询问长途电话收费问题时接线员的答复，你就会将其理解为"通过拨零号，可以得到答复"。又如：

He runs a business as a cowboy.

一个人怎样像牛仔一样管理企业呢？美国故事片中的西部牛仔给我们的印象往往是粗犷、豪放，甚至带点野蛮。而在美国人的心目中，牛仔象征着独来独往、无拘无束、我行我素。只有了解了这些文化含义，才能理解它原来的意思是"他办企业态度不诚实，缺乏经验和技术，工作大大咧咧"。不同的民族有不同的文化背景，他们在风俗习惯、价值观念等方面各不相同。对一个民族来说天经地义的事，对另一个民族可能是不可思议的事。因此，掌握文化背景知识和百科知识对阅读理解非常重要。

（四）预测

预测是指学生根据阅读材料的内容所提供的线索，运用自己的知识和经验，预测下面将要发生的情节、产生的结果或引出的结论。预测是阅读过程中的重要一环，是一个在阅读过程中不断验证和修正的循环。心理学家认为这是发展阅读理解的根本途径，可帮助学生发展逻辑思维并锻炼智力猜想。学生可以借助逻辑、语法、文化等线索，对文章的主题、体裁、结构及相关词汇进行预测。预测有助于检验和加深对文章的理解并加快阅读速度。不少人都有这样的经验，题材熟悉的文章容易读懂，题材不熟悉的文章难懂或根本不懂。这不仅仅是词汇量不够的问题，还是记忆中缺乏与所读文章相关的知识，难以引起预测和联想，不容易构思新的信息和加深理解。具体说来，预测可以分为三种。

1. 对文章主题和体裁的预测

文章的主题包括文化、科技、经济、政治、历史、传统和习俗等。文章的体裁包括描写、记叙、议论、说明等。例如，有一篇题为 "Advertising: Yesterday, Today and Tomorrow" 的文章，读者会猜测文章的体裁可能是说明文，内容是关于广告的发展历史和趋势。读者还可能认为，这篇文章涉及广告研究的相关人员和研究结果。这是对主题框架的预测，为进一步阅读和理解提供指导依据。

2. 对文章结构的预测

文章结构预测包括三个层次的结构推理。一是对文本层次结构的预测，对文章的组织和文章的发展脉络有大致的了解。文章由开头、正文和结尾组成。开场白旨在提出问题、观点和立场。结尾是结束语，它加强了开头。二者相辅相成，自始至终是一致的。主体是过渡词、过渡句和衔接段落。通过语篇连接词和关键词等过渡手段，学生可以追踪作者的想法，对文章有更深的理解。二是段落级预测。学生利用文章段落的组织特点，即主题句、过渡句和结束句，处理和消化作者的观点和重要信息。三是各段以某些方式展开：时间顺序、空间顺序、说明、定义、分类、因果关系、演绎、归纳、比较和比较。熟悉文章段落的扩展对于捕获文章的主题和段落层次结构非常有用。

3. 对句子层次的预测

分析句子结构可以帮助学生抓住句子的主要意思，忽略多余的信息，从而大大提高阅读效率。

（五）推断策略

推断是学生用于得出未知信息的策略。推断过程是一个将隐性知识和上下文带入显性语言知识的过程。学生可以利用主题知识、语境知识或母语知识等进行推断。阅读理解从词、句、短语等语言形式上进行理解是必要的，但重要的是在理解字面内容的基础上，利用已有的知识理解文章的深层含义或得出某种结论。这就要进行合理的推断。例如：

Using along, slender instrument called a probe, doctors are able to locate and remove pieces of metal from a patient's wounds.

此句中的 "probe" 是个名词，是一种细长的器械，后面的文字说明了它的用途和功能，因此，可以推断出它是一种医用探查器械。虽然不能得出确切的 "探针" 的意义，但并不妨碍理解整篇文章。

总之，阅读是一个多因素作用过程，让学生掌握正确的阅读方法，是阅读教学的主要目的。只要教师坚持训练学生的词语猜读能力、分析推理能力，并使其养成良好的阅读习惯，就一定能提高学生的阅读理解能力。

四、英语写作学习策略

在英语听、说、读、写四项技能中，写作的综合性最强，对学生的要求最高。它要求学生不仅具备写作基本知识，而且需要掌握各种有效的写作策略。因此，掌握正确的写作策略对提高学生的英语写作水平有极大的帮助。英语写作是英语学习中十分重要的环节，从目前职业技术院校英语写作教学的实际情况来看，写作一直是学生最为薄弱的环节。2003 年 9 月，深圳职业技术学院应用外语系教师以 2001 级英语专业 69 名学生为调查对象，分析他们参加 PIMAN（必文）和 IELTS（雅思）考试的写作成绩，得出结论："调查对象的平均词汇语法成绩最好（87%），英语阅读次之（83%），听力理解再次之（80%），写作成绩最差（64%）。写作和其他技能发展不平衡可见一斑。"英语写作是职业技术学院英语专业培养从事生产、服务、建设和管理的各种实用型人才的基本途径。这就要求职业技术院校英语专业课程的英语写作教学培养学生的基本写作能力，提高学生应用文的写作实践能力，为他们今后从事具体工作打下基础。

商务英语和应用英语专业的学生面临着我国加入 WTO 和全球经济一体化的机遇和挑战，无论从事哪一行业，他们将来都会面对经贸、金融、法律、科学和技术领域的正式文体的公文来往。这种正式往来的文书具有表述准确、措辞得当、逻辑严密、理解无误、回复准时的基本特点。要完成跨国界、跨民族、跨区域、跨文化、跨语言的有效交际，离不开写作的真功夫。

写作的必要性和困难性要求学生必须提高英语写作能力，接受全球经济一体化和信息时代的挑战。

（一）掌握写作要领

英语写作难，但有章可循。英语写作首先要通过一定的写作技巧和一定的构思有条不紊地展开和总结。学生要掌握英语写作的要领和提高英语写作水平，首先要具备两方面的英语基本功：一是积极积累词汇，掌握灵活多样的表达方式，有较强的句子表达能力，句子要写正确，表达准确到位，要有一定的英语修辞知识；二是具备英语语篇联结知识和手段，才能适应不同类型的写作主题，主动灵活且有条理地运用自己的语言知识和词汇完成写作任务。词汇是组成句子的基本材料，而句子是写文章的基础。动词是句子的灵魂，因此，应抓住动词这个核心，注意其形式及其搭配等。只有这样，才能全面提高英语水平，灵活主动地应对各类写作主题。

（二）模仿优秀作文、名篇名句

提高英语口语表达能力，可以从朗读和背诵开始；提高英语写作能力，可以从模仿优秀作文、名篇名句开始，这是英语学习成功者的经验总结。

1. 模仿遣词造句

英语写作中的遣词造句是一个很复杂的问题，它涉及词汇、语法等，不是一朝一夕就可以学好的。单词的使用直接反映了一个人的写作技巧。写作中首先要注意的是词与词之间的搭配关系。对我国学生来说，最令他们头疼的是词语搭配。某些词语的搭配是一种逻辑主谓或动宾关系，需要特别注意。例如：

At college, we should acquire as much knowledge as possible, so that we can be well prepared for our future career.

在汉语里我们常说"学习知识"，但"knowledge"不能与"learn"和"study"连用，只能与"acquire""obtain""accumulate""absorb""gain""broaden""enlarge""derive""digest"等动词搭配使用。

2. 模仿句子结构

合理地选择句型和使用句子结构是英语写作的另一要素。学生在学习过程中遇到感兴趣的或者对自己有吸引力的句子，应记在本子上，有意识地加以记忆，以便需要时能派上用场。例如：

We misunderstand poetry for two reasons: one is the way of saying, the other is the nature of saying.

以上句型是阐述原因时的典型表达方式，是适宜模仿的句型。比如，当学生描述一个人的时候，可以这样模仿：

I love her for two reasons: one is her beauty, the other is her personality.

当学生要描述一本书的时候，可以这样模仿：

The novel is attractive to me for two reasons: one is its language, the other is its characters.

模仿法最有效的莫过于背诵。通过背诵，学生会注意到文章的细节以及词汇的搭配，从而熟记成语、固定词组等。如此，学生在模仿时才能得心应手。

模仿是提高英语写作的有效策略，但是模仿需要一个过程。在这个精雕细刻、持之以恒的过程中，学生要注意两点：一是仔细阅读品味范文，反复揣摩原文的句子结构和遣词造句；二是大胆尝试，勇于实践，勤于动笔。

（三）注意搜集写作素材

提高英语写作是一个长期的学习过程。积累和搜集写作素材是必要的准备。

积累素材，实际上是积累知识，吸取思想。有了知识和思想，加上语言基本功，写作时才能妙笔生花。

1. 以读促写

从信息理论的角度看，英语写作和英语口语有一个共同的特点，就是二者都属于语言输出，而语言输出需要大量的语言输入作为基础。语言习得是通过语言输入来完成的。由此，笔者有理由认为，写作需要以大量的阅读为基础，英语阅读是英语写作的先导。笔者认为，写作训练应与阅读训练相结合，通过一定的阅读量达到"劳于读书、逸于作文"的目的。不少学生在写作时苦思冥想，无从下笔，原因之一是平时不注意英语阅读和英语写作的密切关系。

在阅读材料的选择上，教师应尽量找不同主题的材料让学生阅读，有针对性地提高学生的写作水平。然而，在教学实践中，一些教师发现，如果对阅读材料缺乏深入的、有针对性的研究，就不能发挥以读促写应有的作用。为了使阅读输入在英语写作活动中取得事半功倍的效果，应当采取阅读输入的优化策略。教师应根据英语写作课程的教学实践经验，做到选择可理解的、密切相关的、不以语法为中心的、足够大量的阅读材料。

学生在处理英语阅读和英语写作的关系时要注意：一是阅读文章目的是为了开阔写作思路，而不是照搬照抄；二是养成自我鉴别能力，因为阅读别人的文章容易受到别人的观点影响，这就需要自己在阅读时善于判断、分析，不断比较、鉴别，兼收并蓄，形成自己的观点。这样写出来的作文才有吸引力。

2. 即兴练习写作

为了提高自己的写作水平，学生可以随身携带一个笔记本，在本子里记下自己的想法或者好句。比如，可以将刚刚学过的句子结构、语言形式、名言名句记在笔记本上，适当加上自己的观点；也可以对眼前的事物、人物等有感而发，随手写下一个句子或者段落。可别小瞧这一句一段，日后就是写作文的好素材。

（四）广交笔友

实践证明，与国际学生交笔友，以英语为交流语言，通过电子邮件或者书信来往的方式沟通交流，对提高英语学习水平，特别是写作水平，具有不可低估的作用。和笔友交流是提高英语写作水平的有效途径。写作通常是一个人进行，坚持练习需要很强的毅力。如果和笔友有约定，每个月写一封书信，每天或者每周写一封电子邮件，一年下来，写作的篇数和字数都相当可观。还可以约定，凡是发现对方有任何语言错误，都应该指出来，要求对方在回复时改正；或者约定，每一次写信或者写邮件，都介绍几个新词，讲一讲它们的用法或有关故事，让双方都长长见识，拓宽视野。

另外，用电子邮件交笔友，除了快捷方便之外，更重要的一点是让自己习惯用电脑写作，习惯新型的写作方式，充分发挥现代科学技术的作用。计算机和网络辅助英语写作利用计算机插入、删除、复制、剪切及自动识别语法错误或者拼写错误等功能，使学生的写作变得更为轻松愉快。多媒体技术结合传统的写作模式的优点，可以达到更好的教学效果。

五、英汉翻译学习策略

英汉翻译是一项涉及两种语言和各种知识的语言活动。培养学生的翻译能力是高职英语专业的培养目标之一。翻译策略在翻译中具有重要意义。实践证明，掌握和正确运用翻译策略和技巧有利于提高译者的翻译水平。

我国语言学家吕书湘说："要做好翻译工作，必须对原文有透彻的了解。"在翻译过程中，学生从始至终都要考虑如何使译文忠于原文。美国翻译家尤金·A. 奈达（Eugene A. Nida）认为，翻译是指在从语义到风格的翻译过程中，用最接近、最自然的对等语篇再现原语的信息。清代翻译理论家严复在《天演论》中指出："翻译难：信、达、雅。"因此，为了实现与原文的语义对等和风格对等，译者不仅要着眼于大局来传达原文的主题，还要从小局出发，选词不仅要符合原文的语义，还要反映原文的风格。在职业技术学院英语专业的翻译课程中，学生应基本掌握以下翻译策略。

（一）转换策略

转换是指在不改变原文意思的情况下改变表达方式。这种转换包括在翻译过程中对词语、短语和句子进行适当的调整，以符合汉语的表达习惯。

1. 词语转换

词语转换是避免抄袭原文结构的一种手段，目的是使译文句子自然、流畅、清晰、易懂。在翻译过程中，经常会遇到这样的情况，如名词对动词、介词对动词、名词对形容词。词性转换可以在几乎所有的词性之间进行。例如：

The new situation requires the formation of a new strategy.

句子中"formation"是名词，但是如果翻译成"新形势要求新战略的制定"不符合汉语的表达习惯，在这种情况下，把"formation"转化为动词，翻译成"新形势要求制定新战略"既符合原文意义，又符合汉语表达习惯。

2. 句子转换

英语和汉语两种语言在句子结构上有许多相似或者相同之处，但是它们在语法结构和语言形式上的差异也不小。英汉句法存在差异，英语句子重形合，而汉语句子重意合。因此，在翻译时必须根据语义对句子结构或者句型进行转换。例如，将定语从句转换为状语从句：

All rockets will work well in space, where there is no air either to slow down the exhaustor to cause the resistance at the nose.

这是一个非限制性定语从句，由一个主句和一个从句构成。主句说明火箭在太空的运行状况，从句对太空中火箭的运行情况加以说明。译成汉语时，学生必须注意主句和分句的逻辑关系：主句给出结果，分句紧接着说明原因。译文如下：

火箭在太空中运行最佳。因为太空中没有空气，既不会减弱排气，也不会在机头产生阻力。

这样，英语原文中的定语从句就可以根据表达语义的需要翻译成汉语的状语成分。事实上，英语中的许多定语从句都应该作为状语来表达原因、条件、结果、目的或让步。在实现句型转换时，要注意逻辑关系，避免出现翻译错误。

3. 语态转换

英语和汉语都有主动语态和被动语态，英语中被动语态的出现频率远远高于汉语。然而，在汉语中，被动语态的表达要灵活得多。因此，在将英语被动句翻译成汉语时，学生应该注意将英语被动句转换成汉语主动句。例如：

（1）Most of the questions have been settled satisfactorily, only the question of currency in L/C remains to be considered.

大部分问题已经圆满解决，只剩下信用证使用的币种问题有待讨论。

（2）I remember being taken to Hangzhou by my father.

我记得父亲带我去过杭州。

4. 形义转换

在翻译中，"形"是指语言的表达形式和文化形象，"义"是指语言的内容和意义。形式与意义的转换主要是指具体与抽象之间的转换。

（1）由抽象转换成具体。

在英译汉的过程中，我们经常会遇到原文中某些词、短语甚至整个句子的意思非常抽象、空洞或模糊。为简洁起见，有必要将其翻译得更具体、更清晰，以确保与原文相对应的可读性。例如：

It was Friday and soon they would go out and get drunk.

星期五发薪日到了，他们马上就要上街去喝得酩酊大醉。

（2）由具体转换成抽象。

在英语中，许多表达具体事物或实际行动的词语有时可以扩展为表达抽象事物或概念。遇到这样的词语，学生不仅要忠于原文，还要跳出原文的框架，贴近语境，发挥思维的想象力，在各种可能性中做出艺术选择。例如：

Nowadays a student heading for college may pack a frying pan along with his books.

如今大学生在学校里也可以自己做点吃的了。

如果译成"如今上大学的学生除了带上他的书去学校以外，还可以带上一个烙煎饼的平底锅"，那么，学生会如堕五里雾中，不知所云。译文晦涩，达不到修辞的目的，反而有损原意。

（二）增补策略

增补是翻译过程中常用的补偿策略，主要是根据句子结构、意义和修辞等方面的需要，在译文中增加词。增补策略主要是为了使译文通顺、流畅而进行的必要的、不改变原文意思的增加和补充。概括起来有以下两种情况。

1. 根据句法结构的需要进行增补

在英语中，句法结构有一个明显的特征，就是动词时态和名词复数的含义往往表现在词语本身的变化上，这是结构意义或者语法意义；而在汉语中，结构意义或者语法意义通过相应的词语（副词、助词等）来表示。因此，在翻译过程中，英语中的各种语法意义或者结构意义，学生可根据具体情况，通过增词来实现。例如：

China's railways system is being improved.

中国的铁路系统日益完善。

2. 为求句子意义完整进行增补

在英语中，为了避免重复，在同一个句子中多次出现的词往往会被省略，不影响句子意义的完整性；但是在汉语中，这些被省略的词往往需要被还原和再现，才能使译文的意思和结构完整。例如：

Reading makes a full man, conference a ready man, writing an exact man.

读书使人充实，讨论使人机智，写作使人精确。

英语句子中，在"conference"和"writing"都省略了动词"makes"，但是在翻译成汉语时，要加上"使人"，以保证译文句子的完整。

（三）省略策略

翻译中的省略是指在不改变原文语意的情况下，删除或者减掉其中的一些词汇或连接手段，使译文简洁、顺畅。省略有一个重要的原则就是不改变原文意义，如果经过省略后改变了原文的意义，就不能再用省略策略。例如：

（1）We have twelve months in a year.

一年有十二个月。（省略主语）

（2）She covered her face with her hands as if to protect her eyes.

她用手蒙住脸，好像要保护眼睛似的。（省略代词）

（3）The horse is useful to man.

马是对人类有用的动物。（省略冠词）

（4）A square has four sides.

正方形有四条边。（省略不定冠词）

（5）Smoking in public places is prohibited.

公共场所不许吸烟。（省略介词）

（6）Wise men love truth, whereas fools hate it.

智者爱真理，愚者躲避真理。（省略联结手段）

（7）If winter comes, can spring be far behind?

冬天来了，春天还会远吗？（省略联结手段）

（四）反复策略

反复是英语和汉语中词语重复的现象，但是两种语言的具体表现方式不同。汉语中一般重复名词和动词，而英语中常对相应的代词和助动词进行重复。在英译汉时，根据原文语义的需要使用反复策略，可以达到以下效果。

（1）使译文更为清晰、明了。例如：

Ignorance is the mother of fear as well as admiration.

无知是羡慕的根源，也是恐惧的根源。

（2）使译文形象、生动。例如：

Willing or unwilling, you have to go at once.

愿意也好，不愿也罢，你都得马上走。

（3）使译文富有表现力。例如：

His serious illness is caused by a cold bath.

他这次的重病是洗冷水澡洗出来的。

（五）合译策略

在英汉翻译过程中，适当的省略和压缩可以使译文更加简洁、通俗、易懂。在处理英语复合句时宜采用组合翻译策略。当原文句子的表层结构与汉语表达不一致时，有必要调整句子结构，使译文的形式与原文的内容一致。这一策略将原文的复句翻译成汉语单句，使译文简洁明了、语调连贯，符合汉语表达习惯。这是一种非常有用的翻译策略。在处理英语长句时使用这种策略的效果尤其明显。例如：

（1）There are a great many people who want to see the film.

许多人要看这部电影。

在翻译英语句子时，需主句和从句融为一体，不留痕迹。

（2）My wife lived in Shanghai when she was a child.

我妻子小时候住在上海。

在英文句子中，主句与从句的主语相同，在翻译时合并成一句。

（3）Afterwards, they quarreled, which was a pity, and caused much friction.

可惜，后来双方发生争吵，并引发许多摩擦。

在英语句子中，插入主句的非限制性定语从句可以压缩成短语或短语，并单独翻译。英语中的非限定性定语从句在翻译时很难处理。在某些情况下，限制性定语从句与主句关系密切，在意义上突出了整个句子的焦点，而主句只起语法结构或句法结构的作用。相比之下，它本身的含义并不十分明显。此时，原句中的主语句和定语从句可以整合成一个独立的汉语句子。这种方法常用于处理英语定语从句的"there be"结构，例如：

There are some films I would like to see.

我有几部电影想看。

第三节　高职专业英语普通学生学习策略

一、英语语言基础学习策略

英语语言基础学习策略是指英语学习中最根本的三大要素：语音、词汇和语法。这三个要素是听、说、读、写、译五项基本技能的基础，也是培养学生英语交际能力的根本。长期以来，我国英语教学界对如何学习英语语音、词汇和语法存在争论，但是最近几年在许多方面达成了共识。

1994 年，美国外语教学专家布朗（H. D. Brown）在 *Teaching by Principle* 一书中指出："语音、词汇和语法在外语学习过程中起着越来越大的作用，它们在语言课堂教学中不仅有用，而且对加快语言学习过程非常重要，是帮助外语学习者达到比较高的外语水平的重要途径。"今天的语音、词汇和语法教学与传统的三大要素教学有很大的不同，最突出的是今天的语音、词汇和语法教学以掌握英语听、说、读、写、译基本技能和英语语言交际能力为目标。国内许多学者在总结我国英语教学经验的基础上指出，如果学生不扎实打好语音基础，会大大地挫伤他们的自信心，使许多人因为失去学习信心而不得不放弃外语学习，造成大量人力和物力浪费。因此，英语语音不过关、发音不准是英语学习过程中最大的"拦路虎"，语音是通往英语学习新天地的敲门砖。布朗提出："词汇不再被看作长长的、孤立的单词表，而是在语义情景中具有实在意义的交际语言"，"语法教学是句法、语义和语用三方面的结合，语法学习缺少任何一方都是不完整的。"

在以上认识的基础上，我国学者针对外语学习者的实际情况和学习规律，在语音、词汇和语法教学方面进行了大量的实验，特别是在英语三大基本要素教学方面提出了行之有效的学习策略。这些研究对职业技术教育英语教学具有重要的启迪和指导意义。笔者认为，从事职业技术教育的英语教师如果能充分运用英语学习策略，针对我国职业技术院校英语专业学生的学习特点，采用相应的教学策略，一定能帮助学生在英语语音、词汇和语法方面打下良好的基础，从而提高他们的英语听、说、读、写、译五项基本技能，也为进一步培养学生英语语言交际能力提供坚实的保障。

二、英语语音学习策略

语言是文化的载体，是交际工具；语音是语言客观存在的物质外壳。没有语音的语言是不存在的。

在英语学习过程中，发音不准确有很大的负面影响。第一，最直接的影响是阻碍英语单词的记忆，影响词汇量的扩大，进而影响阅读速度，甚至使学习者难以理解文章的确切含义，更不用说总结文章的中心思想和写作了。第二，对听力理解有很大的负面影响。由于记忆中单词的语音信号是错误的，当在日常交流与学习生活中接触到正确的发音时，学生往往无法立即识别听到的单词。这种延迟反应会影响后续语音信息的识别，导致整个听力理解的失败。第三，最大的影响是严重打击了学生的积极性和自信心，甚至使学生慢慢厌倦英语学习，在不知不觉中放弃英语学习。然而，与词汇和语法相比，语音的掌握相对容易。英语中音素的数量是固定的，语调的数量是有限的，一旦掌握便可以自由使用。因此，要想学好英语，首先要掌握发音的要领，否则，无法与他人进行基本的口头交流。学生应采取切实有效的学习策略，采用可行的学习方法来掌握英语语音的要义，打下良好的基础。

（一）掌握发音要领

和任何一种语言一样，英语是有发音要领的，学生一旦掌握了发音要领，就不会轻易忘记。相反，如果没有掌握发音要领，或者某个音发音不准，就会影响其他音的发音。例如，如果"/n/""/r/""/l/"不分，那么只要碰上其中一个，就有麻烦；如果它们扎堆在一起，就更无所适从了。在学习语音的过程中，首先要弄明白每个音的发音位置和发音方式，包括口型如何、舌位如何、是否送气、是否爆破，特别是一些对我国学生来说比较难的辅音，如"/θ/""/ð/""/m/""/n/""/ŋ/""/ʃ/""/ʒ/"。然后通过大量的模仿，对好口型，掌握发音要领，养成正确的发音习惯。只有掌握了正确的发音要领，才能对自己的发音有信心，同时，能够判断别人的发音是否正确。

（二）模仿策略

在汉语环境中，你能掌握英语的语音语调吗？语音语调能达到比较完美的水平吗？答案是肯定的。模仿是掌握语音语调的有效途径，关键在于如何模仿。

1. 选好模仿材料

随着我国出版业的快速发展，学生可选择的英语材料越来越多。选择模仿材料是有效模仿的第一步。不少学生在英式英语和美式英语前犹豫不决，一会儿模仿这个，一会儿模仿那个，这对于还没有形成语音正误判断能力的学生来说，无疑又花时间又难有成效。其实，二者并无优劣之分，关键是择其一并持之以恒。选定后，就要选择适当的材料。选择的标准有两个：一是发音要规范，二是最好选择基础阶段的教材。因此，宜选择那种文章短小、浅显生动、叙事性强、趣味性强、实用性强、对会话和写作有帮助的材料。在模仿过程中，学生要反复诵读同一份材料，要读到滚瓜烂熟的地步。这样就能一举两得，既学到正宗的语音语调，又学到英语的基本词汇和句型。

2. 模仿的方法

模仿有各种各样的方法，根据职业技术院校英语专业学生学习的特点，笔者认为学习语音语调理想的模仿过程应该按照以下步骤进行。

（1）静听：对照英语材料，听音频，第一遍静听，即不看材料，不跟读，重点是划分并分析意群，熟悉意群与意群之间的停顿、语音和语调，进而熟悉整体语调；第二遍听音频，看材料，在单词重音上做记号；第三遍听音频，边听边看，在升降调的地方做记号。

（2）模仿：分句子进行模仿，注重每个单词的发音；分段模仿，注重句子的重音和升降调，第一段模仿完后，接着模仿第二段，第二段模仿完，再回头模仿第一段和第二段。每一段要反复读几遍，直至模仿完全文。

（3）听读：脱离文字材料，只听音频，反复跟读，一边读一边强化音频中的声音记忆；有记不清的地方，就做上记号。

（4）重点模仿：带着问题听录音，专挑模仿得不像的地方听。

（5）朗读：熟读全文，尽力模仿所学到的语音语调。

（6）自己录音：将所学朗读材料录成音频；听一两遍自录的音频；再听朗读材料中的原声音频进行比较，发现问题再做标记；再模仿，直至满意。

模仿时首先应有意识地标出重音和调型，突出模仿的重点。初步模仿后，离开原声音频自己朗读，在模仿中找出问题；然后带着问题听录音，经过反复练习后，录下自己的声音再和原声音频进行比较，对模仿进行自我评价；对存在的问题，再逐步解决。如此精益求精，必然能学到地道的语音语调。

模仿是件枯燥的事情，可以配合英文歌曲，调节心情，增加乐趣。模仿需要耐心和毅力。有些人认为模仿很枯燥，其实如果能沉浸其中，揣摩其中节奏轻重的变化和语调升降的起落，一定能体会到英语抑扬顿挫的美感。

模仿时，注意数量和质量的关系。模仿要取得效果，就要有一定的数量，这是模仿成功的基础；但不能为达到数量而一味图快，必须保证模仿的质量。要持之以恒，久而久之，学生就能悟出英语语音语调的规律，获得举一反三的能力。

（三）重点突破难关

受乡音的影响，一些学生在学习英语的过程中存在部分顽固音。我国地广人多、方言丰富，加大了学生学好英语语音的难度。例如，南京人和镇江人常分不清"/l/"和"/n/"，常州人常分不出"/l/"和"/r/"，广州人常分不清"/s/"和"/z/"以及"/l/"和"/n/"。对他们来说，这些分不清的音就是顽固音，在模仿时要重点突破。如果"患上顽疾"，又不重视，加之学习任务越来越重、越来越复杂，学生无暇顾及语音错误，可能会导致这些顽固音陪伴终生。因此，一定要及早攻克这些难关。其实这些顽固音，只要肯花气力，完全可以克服。下面介绍克服顽固音的几个步骤。

（1）有哪些音是自己发不出来的。学生可以在台上朗读一些句子，教师和同学共同指出他在发音上的问题。不过，即使是这样，问题的发现也可能是不完全的，还需要学生在课下深度了解，让口语好的同学帮忙纠正。

（2）将带有顽固音的单词和与它差别最小的单词组成对子。能组成最小差别对子（Minimal Pairs）的单词有很多，如"need/lead""net/let""nap/lap""knock/lock""nake/lake"。可以请同学念给自己听，训练自己的听音辨音能力。发音不准和听力不足密不可分。

（3）让学生大声朗读这些对子，读完之后自己检查，看看能不能将这些对子分清楚。在读的时候要严格遵守发音规则，先慢读，后面加快速度；一边读一边思考这些音怎样发出才更准确。

（4）等学生私下能够清楚发出这些音的时候，就将学生叫到讲台前继续朗诵这些句子，做进一步的巩固。

（5）在读这些句子的时候，学生要先慢读，发音要准确，不要吞音，必要时可以放慢速度，确保其准确性。

三、英语词汇学习策略

如果说英语是一座摩天大楼，那么词汇就是筑造大楼的砖瓦。学生英语成绩的高低、英语交际水平的高低受很多因素的影响，其中词汇量是最大的影响因素，直接关系英语学习的成败。在日常的英语学习过程中，不管学生的发音有多标准，不管其对语法掌握得有多扎实，只要其词汇量匮乏，那么该学生都无法将自己的观点与情感完整地表达出来，无法用英语与别人进行交流。

许多学生在学习的时候都会遇到记不住英语单词，或者记住了一会就忘，以及就算记住了也不知道如何运用这些单词的情况。根据目前的研究成果，笔者提出了以下几种词汇的学习方法。

（一）在语境中学习词汇

相比只学习单个的词汇来说，在语境中学习词汇有非常大的优势。只有通过一定的语言环境，词汇的意义才能真正地体现出来。具体来说，让学生在语境中学习词汇，就是让他们在语境中通过已知的信息对出现的生词进行一定的猜测，从而加深对这个生词的印象，达到强化记忆的目的。以下是具体方法。

1. 同义词联想

在英语表达中，为了避免机械重复，许多作者会用不同的词语去表达相同的概念。学生可以循着这条线索去猜测词汇的意思。例如：

A study of more than 12,000 American teenagers found that young people who spend more time with their parents are happier than those who spend less time with their parents. It was also found kids who spend more time with their parents do better in their school subjects.

在这个例句中，我们假设"teenager"和"kid"是本节课需要学习的生词，学生可以沿着以下思路猜测这两个生词的含义：一项对美国 12 000 名"teenagers"

的研究表明,和父母相处时间更多的"young people"(年轻人)更快乐。那"teenagers"和"young people"是否是同一个意思呢?后面又提到"kids who spend more time",句型结构与"young people who spend more time"非常相似。这时教师可以请学生回答:单词"kids"与"young people"是否拥有同样的含义呢?不管学生做出肯定还是否定的回答,教师都能借此引导学生做出正确的猜测。这样一来,整个学习过程变得生动起来,学生也更容易将这两个单词记住,并正确应用到日常交流中。

2. 利用指代关系

除了同义词联想之外,利用好上下文中词汇的指代关系,也能合理猜测出单词的意思。例如:

Mick's father always went out in the evenings. One day Mick said to his father, "My friends always watch TV with their parents. They ask a lot of questions. But in our home, mom seems to be the only parent." These comments made the father begin to think about the problem.

在这个例句中,我们假设"comments"是本节课需要学习的生词,那么教师应该对学生做这样的引导:让父亲开始"think about the problem"(思考这些事)的是什么呢?是"these"(这些)和"comments"。那么"these"指代的是什么呢?从以前学过的知识中可以得知,"these"可以指代名词的复数形式,那么"comments"的意思又是什么呢?到底是指前文的"friends""parents",还是指"questions"呢?从语法结构上分析,学生应该能知道这些都不正确,那么"comments"指的是不是"Mick"所说的全部话语呢?教师可以对学生做如下引导:在"Mick"的话语中有几个关键词,如"parents""TV""ask questions"。这时学生就会明白,原来"comments"一词并不是指文中的某一个词,而是关键词中的几件事。

在这个例子中,这样的引导比查词典更好用,如果教师让学生查词典,那么反而更不好理解这句话中的"comments"之意。

3. 上下文联想

在同一个语境下,单词之间是相互关联的,它们的搭配不是无迹可寻的,而是固定的。比如"be goings"后面一般会接有安排、计划中、打算去干什么的动词词组;"drink"一词后面接的基本都是水、饮料或者其他可以喝的饮品。例如:

She likes tea, but I enjoy drinking Pepsi-cola.

学生可能对"Pepsi-cola"不是很熟悉,但如果把它和"tea"联系起来,学生便能猜出"Pepsi-cola"是一种可以喝的饮品。

当然，教师也可以用同样的方式引导学生根据后面的词猜测前面词的意思。例如：

I am going to have a party to celebrate my 20th birthday.

假设"celebrate"是生词，教师可以引导学生根据它后面的"my 20th birthday"（我的 20 岁生日）猜出它的意思。因为除了"庆祝""纪念"一类的词之外，几乎没有词语可以搭配"my 20th birthday"。再如：

Let's synchronize our watch so that we can start the game at the same time.

假设"synchronize"是生词，教师引导学生看句末的词组"at the same time"（在同一时间）。这个词组的意思几乎所有的学生都清楚，教师可以从这里入手，再联系一下"watch"（手表），学生就不难猜出"synchronize our watch"的意思是"同步一下我们的手表"了。

（二）通过分类加深对单词的理解和记忆

心理学家研究表明，记忆时，将许多关联的内容集中记忆效果会更好，记忆英语词汇也一样。对单词进行分类，就是把词义相同或者相似的词汇放在一起学习。在英语学习过程中，学生遇到的很多单词都可以通过某种方式去分类，并且在同一篇文章中，相似词汇出现的频率会比较高。分类不仅能够加深学生对词汇的印象，还能让学生每想到一个单词，便能联想出与其相关的一串单词，大大提高了记忆的效率。

（三）情景联想

情景联想是一种非常生动的词汇记忆法，它利用场景构建的方式，将生活中的某一类相关联的行为联系起来。学生在集中学习描述这些行为所用到的词汇及短语时，理解与记忆都会事半功倍。例如，图 4-2 是关于电话的词汇和短语。

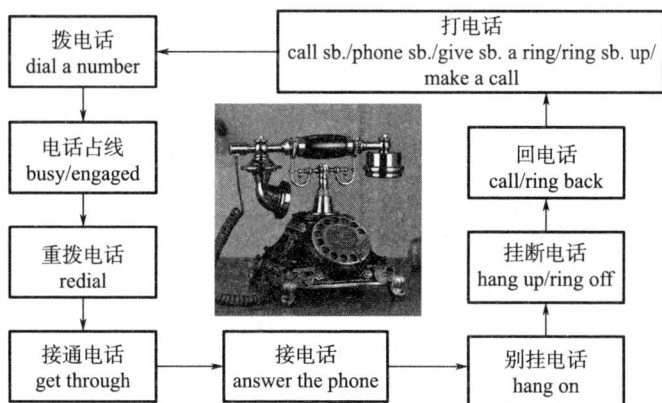

图 4-2　情景联想记忆法示范

（四）同义词与反义词类比法

不少汉语词有大量的同义词与反义词，英语单词亦如此。在学习生词时，如果将其同义词与反义词跟它进行类比，能大大加深学生对这个生词的理解与印象。

（五）辨析词义

辨析词义是指将同义词的用法做进一步的区分，让它们的用法更为明确。这种方式不仅有助于学生对知识温故知新，还能防止学生混淆这些同义词的用法。比如，"alone""solitary""desolate""lonesome"这几个单词都有"孤独、荒凉、寂寞"的意思，但是在使用的时候，它们是存在一定差异的。例如：

（1）I alone can finish the task.（我一个人就可以完成任务。）

（2）He often makes solitary walks after supper.（他常常晚饭后独自散步。）

（3）The old woman was desolated by her daughter's leaving home.（女儿的出走使老人感到特别凄凉。）

（4）A lonely traveler made a lonesome journey.（孤单的旅客经历了寂寞的旅行。）

除了以上五种学习策略之外，还有很多方法可以扩展英语词汇，如玩一些有关词汇的电脑游戏或者背诵一些英文诗。学生要敢于探索这些方法，并且通过不断探索与总结找到最适合自己的英语学习方法，只要坚持不懈，就一定能对自己的英语学习起到帮助作用。

四、英语语法学习策略

除了词汇，语法也是英语学习的重点和难点。虽然专家学者对于学习办法有着不同的考量，但是他们对于语法重要性的认识是一致的。在职业学校中，高职英语专业学生学习的目的是掌握英语技能，但若不懂语法知识，他们在用英语进行交流的时候将举步维艰。

虽然学习英语语法十分重要，但职业技术学院英语专业的学生只要能够做到讲写通顺，符合英语表达规范就可以，不是一定要成为语法专家。基于这个目标，笔者提出了如下几种英语语法学习方法。

（一）由浅入深，重视实践

在学习语法的时候，要本着由易到难、由浅入深的原则，并且要将理论知识与实践相结合。理论应当清楚明了、通俗易懂、定义精准，并且要切合实际，与社会交流与生产紧密贴合，生动不死板。教师可以在教学时塑造一个真实的场景，让学生在其中发挥、练习，从而让他们对知识的理解程度更深。场景的构建一般有如下要求：

（1）要有真实性。场景的构建要贴合生活。

（2）要有互动性。在构建的场景下，要有二人以上的角色扮演与对话交流。

（二）选择一本好的语法书

英语语法知识比较复杂，选定一本符合自己阶段的英语语法书非常重要。与词典一样，语法书是英语学习的必备品，对学习的帮助很大。

一般情况下，阅读英语语法书有两种方式：一是从前往后逐步学习，二是有选择地进行阅读。

（三）将语法规则与词义联系起来

语法学习并不是最终目标，而是为了让英语学习更加顺畅、精准。教师的教学目标是培养学生的语言交际能力。这就要求学生能够将语法规则与词义联系起来，强调语言的意义而非形式。事实上，语法与词汇的含义密不可分，语法赋予了句子结构形式，而词汇赋予了句子意义。在处理语法结构时，如果丝毫不理会词汇的意义，那么语法的学习将会脱离实际，无法达到提高交际能力的目的。

下面以动词为例，说明在学习英语时应把语法规则和词义有机结合起来。

（1）She is teaching English well.

（2）She teaches English well.

句（1）中用的是现在进行时，表达"她目前英语教得不错"，有暂时性意义；而句（2）则表示"她的英语一直教得不错"，有长期的意义。学生在明白"teach"含义的基础上，要进一步理解句中不同时态下"教"的区别，理解其所代表的习惯性象征，最终使枯燥无味的语法知识和丰富多彩的词汇含义有机相连。

（四）建立语法意义和语篇意义的联系

交际能力一共包含四种，分别是语法能力、社会语言能力、说话能力与策略能力。所以，在学习语法时要懂得如何用语言知识与语法手段表达自己的意思，学习在适当的环境下用什么样的表达方式更合时宜，将语法规则与交际原则相联系。语法的语篇功能指的是在一定的语境中采取一定的语法形式，传达不同的言语功能。例如：

（1）She is always so kind to me.

（2）Thank you ever so much for your help, Philip.

单看这两个句子的意思，它们都有褒义的色彩。句（1）表达了"我"对"她"

好意的感激与赞扬，句（2）则直接对"Philip"表达了谢意，然而在其他语境下，"Thank you ever so much for your help, Philip."还可以被看作反讽。语境对于语法学习而言意义重大。因此，学生在学习语法时不能脱离语境来谈语法和词义。

目前，在高职院校的英语学习中，语法往往是被忽视的。而事实上，语法是语言表达中十分重要的部分，理应得到充分的重视。在深入学习语言知识后，学生应尽可能多地抓住在相应语境下练习语法的机会，将这些知识牢牢保存在脑海里，以便在适当的时候灵活运用。

第四节　高职专业英语典型学生学习策略

随着全球经济一体化进程的日益深化，终身学习时代已经到来，对"文盲"的定义不再是"不识字的人"，而是"没有学会如何学习的人"。我国在推进教育改革和大力发展职业技术教育的过程中提出了要全面推进素质教育的战略，注重培养学生的创新能力、生存能力、终身发展能力及终身学习能力。在科学技术突飞猛进的今天，职业技术院校英语教育改革也应与时俱进。在深化素质教育的过程中，要依据新的学习理论，加强学生英语学习策略的研究，构建具有中国职业技术教育特色的英语学习策略体系。在构建英语学习体系的实践中，要注重教学模式和英语学习模式的改革，使学生爱学英语、会学英语、学好英语，真正掌握好英语，培养应用型英语专业人才。

一、小组学习策略

目前，小组学习方式已成为我国流行的一种学习形式。小组学习具有鲜明的自主性和开放性，学生可自由选择学习内容、学习形式、学习地点、学习方法、学习伙伴。这种学习形式有利于学生自主意识的发展，有利于培养学生持续学习的兴趣与创造性分析解决问题的能力。正因为小组学习有这些优势，它已经成为职业技术院校英语专业学生十分喜爱的一种学习策略。无论是在语言基础课上，还是在专业课或实践课上，小组学习的应用已经十分广泛。学生在应用小组学习策略时应该注意如下几点。

（一）动态和静态相结合

目前，教师比较喜欢使用的小组学习策略包括静态学习小组和动态学习小组两种形式，使用的范围不局限于课堂，还以调查报告、市场调研、案例分析等形式延伸到课外。静态学习小组的特点是小组成员与学习地点相对固定，成员之间可形成一种长期的稳定的学习关系。这种学习方式可以节省时间，提高学生的学习效率，能充分地发展学生的个性。动态学习小组的特点是构成小组的成员并非固定的，而是根据每节课的实际学习内容，由学生按照自主选择的相同类型的学习内容，自由、临时组合在一起进行学习。这种学习方式比静态小组学习方式在学习时空、学习内容等方面更具有开放性，能有效地调动学生学习的积极性和主动性，更加适合在课外针对不同学习任务而展开学习活动。因此，学生在应用小组学习策略时，要善于把握参与时间和时机，积极参与小组学习活动，提出自己的观点，接受别人的观点，取长补短。

（二）培养强烈的小组责任感

小组学习的本质是在教学中以小组为基本单位，以小组成员合作性活动为主体，以小组总体成绩为部分评价和奖励个体成绩的依据的一种教学策略体系。在相互合作的过程中，每位小组成员都对小组任务的完成负有责任。团队的总体成绩有赖所有成员步调一致、相互合作。每位成员都必须有强烈的小组责任感和主人公精神。

（三）实现有效交际和沟通

小组学习是一种合作学习，使教师与教师、学生与学生、学生与教师的联系更紧密、更活跃。这种活跃的氛围能够创造出言语伙伴活动中的均等关系，能够消除言语伙伴之间的障碍。学生要主动克服平常害羞胆怯的心理，大胆和老师、同学用英语进行交流，灵活地进行语言实践，巩固所学的语言知识和专业知识（商务知识和应用知识）。更重要的是，学会有效沟通和交际有利于学生开动脑筋，发挥自己的想象力与创造力，更能体现个人价值，从而让学生能够更自觉地承担自己学习的责任，同时为他们毕业后的自我建设打下良好的基础。

二、自主学习策略

同小组学习或者合作学习一样，自主学习也是目前国际教育界关注的热点。自主学习是学生在学习过程中进行意义构建的过程。英语教学广泛采用计算机网络教学平台，给学生带来了更加广阔的学习空间和多维的学习方式，为学生搭建了合作学习和自主学习交互学习的环境，激发了学生的学习兴趣和积极性，使学生能够更加主动地进行知识和意义的构建。在采用自主学习策略的时候，学生应该注意如下几个方面。

（一）角色的定位

在传统的学习模式中，学生是知识的接受者和跟随者，是学习的客体，处于被动地位。在自主学习和合作学习交互环境中，教师和学生的角色已经发生根本性的变化。学生是学习的主体，是知识和意义的积极构建者，也是课堂活动的积极参与者。教师在组织教学的时候，不再以教师为中心，而是以学生为中心。课堂上，教师不再采用传统的教学模式，而是采用一种开放式的教学模式。面临这种角色转变，学生应该变被动为主动，培养自主学习的能力，使自己从"不会"向"会"转变，从"学会"向"会学"转变，把学习转变为主动、自觉的行为，培养自己的创新思维和创造能力。

（二）强化问题意识，确立自主学习目标

自主学习的标志之一就是学生能够自主地确立学习目标。学生在学习过程中要培养自己发现问题的敏感性，激发自己解决问题的冲动和欲望，并积极寻找解决问题的方法和途径。发现问题最好的途径是实践，学生应该主动地走进生活，走进社会，到企业、公司大胆实践，在生活和工作（实习）岗位上直接寻找问题、发现问题并努力思考如何解决问题；或者沉下心来，围绕某个专题去读书、去思考、去行动、去合作、去探究。

（三）建立融洽的师生关系

提倡自主学习，树立以学生为中心的教学理念，并不意味着学生可以完全脱离教师的管理；相反，自主学习要求学生和教师建立合作、合理、适度和互动的融洽关系，从而取得预期的学习效果。在自主学习过程中，学生作为学习的主体，要在教师的引领与指导下主动参与教学活动和实践，学会自主学习。因此，融洽的师生关系是自主学习成功的关键。长期的教学实践表明，合作、互动的融洽师生关系可以唤醒学生学习的积极性。

三、案例分析策略

目前，职业技术院校英语专业教师十分重视案例教学。经过多年的实践，案例教学法的教学效果得到了充分的体现，主要表现为增强了学生分析问题和解决问题的能力；激发了学生学习语言知识和商务知识的热情，增强了学生学习的主动性，学生对商务知识的运用更加灵活，提高了学生的写作能力，有效地培养了团队精神，培养了学生的创新思维能力，拓展了教师知识的深度和广度。案例教学和案例分析成为职业技术院校英语专业学生学习专业知识和提高实践能力的有

效途径。将案例教学法引入职业技术院校英语专业（商务英语专业和应用英语专业）是一种有效的尝试。它将学生的素质教育摆在首位，极大地提高了学生的主观能动性和实践能力。案例分析法是一套行之有效的以实践为主体的学习方法。商务英语专业、应用英语专业的学生有必要掌握案例分析要领，通过学习案例提高知识的应用水平和实际动手能力。案例分析通常有四个环节：案例准备、小组讨论、全班发言和总结提高。

（一）案例准备

这是学生熟悉案例的准备阶段，也是学生进入角色、独立思考问题的阶段。首先，在这个阶段，学生应结合自己在实习、见习中获得的工作经验，从所扮演角色的角度充分阅读和认真熟悉案例提供的每一个情节和相关的资料，进行必要的知识性准备，在综合分析的基础上，提出自己的独立观点和见解。其次，学生应把握住这一机会，尽量获取相关案例的信息，消化解析案例所提供的信息，调动自己以往的相关经验，做充分的准备。在教学实践中，教师往往会将这个环节向前延伸，在进行课堂教学前提出一些问题让学生思考，学生应该抓住问题的实质，进行相关的准备。

（二）小组讨论

小组讨论是集中集体智慧的阶段。俗话说，两个人分享一个苹果，各自只得一半苹果；两个人分享一种思想，会各自得到两种思想。在小组讨论活动中，学生将承担不同的角色，就案例中的问题进行讨论。在讨论中，组内成员各抒己见，充分表达各自的想法和意见，陈述自己的理由和依据，说明自己的决策和方案，并就不同的方案进行分析、比较，集思广益，达成共识。如果不同意别人的意见或者见解，也不要随便拒绝，听听再想想，看看有没有道理。当小组成员不能形成统一的意见、观点或者看法时，不能强求一致，可将各种意见和方案同时保留，以后可能用得上。

（三）全班发言

这个阶段是各种意见和观点碰撞最为激烈的阶段，通常由教师主持。首先，由各小组选出代表在全班发言，陈述小组观点和意见；接着，其他学生可做补充，可以提问，也可以做评判发言。小组与小组之间会有不同意见和观点的相互争论。特别是在各组学生承担不同角色时，争论的程度还可能更加激烈。聪明的学生要知道这是吸收精神养料的最好机会，不要盲目跟从或者开小差。全班交流是课堂案例分析教学的高潮，是形成自己独特见解和观点的重要环节，也是全班学生经验与知识共享的过程，需要学生和教师做好充分的互动和配合。

（四）总结提高

在总结提高阶段，教师通常对课堂教学的全过程进行总结和评价。此时，学生应仔细聆听教师对各组或全班同意的一些方案的总结。学生应该做记录，不是记录一个简单的结果，而应理顺原因和后果，结合案例进行辩论。通过总结、内化和完善，学生可以从案例分析的内容和过程中得到有价值的启示，掌握处理问题的新思路和新方法，实现理论与实践的结合。

四、商务信息检索策略

互联网是目前世界上规模最大、覆盖面最广、用户最多、对用户影响最深的计算机互联通信网络。它通过 TCP/IP 协议，将世界上各种各样的计算机终端用户和计算机互联网连接起来，构成一个实时互动、日夜奔流的信息网络。可以说，互联网是一个取之不尽、用之不竭的信息宝库。如何利用好这个宝库，在职业英语的学习过程中显得尤为重要。对于职业技术学院英语专业的学生来说，最基本、最实用的商务信息检索策略有如下几种。

（一）熟悉国内外常用的搜索引擎

搜索引擎主要包括互联网搜索引擎、新闻论坛搜索引擎、商务信息搜索引擎等。常见的搜索引擎有百度、新浪、谷歌等。这些搜索引擎具备如下功能：简单检索、词组检索、目录检索（分类检索）、截词检索、高级检索等。

（二）熟悉国际商务信息检索系统

无论是哪个专业的学生，都应该熟悉主要的国际商务信息检索系统。中国万方数据资源系统和中国资讯行是建立在互联网上的特大商务信息平台。中国万方数据资源系统和合作伙伴共同开发的数据库总计 110 多个，归属 8 个类别，内容涉及自然科学和社会科学各个领域。其中，商务信息子系统面向企业用户提供工商咨询、贸易信息、商贸活动、咨询服务、企业热线等，为中国企业提供全新的电子商务信息服务平台，学生利用此系统可以按照企业分类、企业类别分别查找国内各企业的有关资料，包括企业名称、经营范围、负责人、固定资产、政策法规等。

中国资讯行是最早的中文商业信息提供商。该公司提供的商业信息内容丰富、覆盖面广，为商业集团提供了一系列财经、商业、科学技术和政府数据。

（三）掌握计算机检索基本功能

在利用计算程序进行联机检索的时候，学生一定要注意不同的计算检索系统所使用的位置算符的种类和功能有时候是不同的。通常的系统提供以下两种最基本的功能。

1. 一般检索功能

一般数据库的检索功能多数由万维网搜索引擎均能提供，如布尔逻辑检索、词组检索、截词检索、字段检索、限制检索和位置检索。因为万维网检索实际上是一种数据库检索，所以其搜索引擎与一般的数据库检索系统有共同之处。但是，并非每一种搜索引擎都能提供全部的检索功能；同时，每一种检索功能在各个不同的搜索引擎中的表现也不完全一致。按照这几种检索功能在各种搜索引擎中受支持的程度划分，布尔逻辑检索和词组检索功能排位第一，几乎所有的搜索引擎都支持这两项功能；而其他检索功能的受支持程度随不同的搜索引擎而变化。

2. 特殊检索功能

除上述几种常见的检索功能外，搜索引擎还提供了一些具有网络特征的检索功能，如自然语言检索、多种语言检索、区分大小写检索。其中，区分大小写检索功能主要是针对检索词中含有人名、地名等专有名词的。在区分大小写的情况下，大写检索词可被当作专有名词看待（如 Internet 专指因特网），小写检索词则被当作普通词看待（如 internet 则代表互联网络）。而在不区分大小写的情况下，则无法区分该检索词是指专有名词还是普通词，从而影响检索结果的准确性。目前，Alta Vista 和 Infoseek 等工具有此特点。学生在实际检索过程中，应结合自己的专业特点和个人偏好，熟悉和掌握两三个强大的搜索引擎，将有助于自己的专业学习和今后的职业发展。

构建具有鲜明的职业技术教育特色的英语学习策略，是一个长期的系统工程。这项工程虽然刚刚起步，但是具有十分重要的历史意义。

（1）它进一步阐明了职业技术院校英语专业语言学生学习的重要性和特殊性。

在职业技术院校的英语教学中，接受知识并不是英语学习的全部目的，学生应该在掌握基础英语知识的同时，形成和发展学习策略。教师应通过自己的教学，帮助学生掌握知识，培训学生的学习策略。与普通高校相比，职业技术院校更加重视培养学生的动手实践能力。职业技术院校英语学习策略的研究进一步阐明了高职高专英语专业学生学习的特殊性。

（2）它进一步说明了职业技术院校英语专业学生在语言英语学习、专业学习和实践能力形成中的主体地位。

　　学生在学习活动中不是消极被动地接受知识，而是积极主动地参与学习的整个过程，并以自己的知识经验体系和兴趣动机为基础来获取知识，使之转化为自己的认知结构。学生在课堂上学到的英语只是工作岗位上用到的极少的一部分，更多要靠课后的自学，或者毕业以后根据工作岗位的具体要求继续学习。同时，英语学习的过程是一个日积月累的过程。在这个漫长的积累过程中，学习策略的使用是至关重要的。职业技术院校学生在学习英语的过程中，为达到提高英语水平的目的而使用学习策略进行学习，这本身就体现了高职高专英语学习策略研究的特殊性，进一步说明了高职高专学生是英语学习活动的主体。

　　在英语学习策略研究和教学实践中，职业技术院校的英语专业教师要在认知策略、交际策略、情感策略、自我调控策略等方面积极总结经验，探索行之有效的、符合我国职业技术院校英语专业学生学习特点和规律的英语学习体系，引导和鼓励学生积极有效地利用学习任务解决英语学习中的困难，使学生在交际中形成英语交际策略。

第五章 产教融合背景下高职专业英语教师队伍建设

第一节 高职专业英语教师发展概述

随着世界经济全球化、教育国际化的不断推进以及中国经济的转型升级，我国高职教育正面临着在新形势下由规模扩张向高质量发展转型的机遇和挑战。高职院校要在激烈的竞争中站稳脚跟、创新发展，就必须坚持以习近平新时代中国特色社会主义思想为指导，制定符合学校自身发展实际的人才强校战略，积极打造一支数量充足、结构科学、师德高尚、素质优秀，具有创新精神和综合实践能力的师资队伍。师资队伍建设是高职院校创新发展和高质量发展的关键。高职院校师资队伍建设要体现其自身的特色，依据高职教师的发展目标和成长规律，有针对性地组织实施。

一、教师专业发展内涵

国内外专家对教师专业发展进行了大量研究，并对教师专业发展的内涵进行了分析、研究和界定。国外学者认为，教师专业发展意味着教师个人在专业生活中的成长，包括信心的增强，技能的提高，对所教学科知识的不断更新、拓宽和深化，以及对自己在课堂上为什么这样做的原因意识的强化；教师专业发展是指通过在职教师教育或教师培训而获得的特定方面的发展，也指教师在目标意识、教学技能和与同事合作能力等方面的全面进步；教师专业发展最基本的是态度上和功能上的发展，前者是教师在态度上的改善过程，后者是专业表现改善的过程；教师专业发展不仅应包括知识、技能等技术性维度，还应该广泛考虑道德、政治和情感维度。

国内学者对教师专业发展内涵研究的主要观点包括教师作为教育教学专业人员，要经历一个由不成熟到相对成熟的发展历程。教师专业发展空间是无限的，发展内涵是多层面、多领域的，既包括知识的积累、技能的娴熟、能力的提高，也涵盖态度的转变、情意的升华；教师专业发展是教师以知识、技能和情意等专业素质的提高与完善为基础的专业成长与成熟的过程；教师专业发展是指教师在其专业素质方面不断成长并追求成熟的过程，是教师专业信念、专业知识、专业能力、专业情意等方面不断更新、演进和完善的过程，教师专业发展是一个连续不断的过程，其本质特征是教师的专业自主发展。

教师专业发展内涵具有一些共同特征：首先，教师专业发展离不开教师个人的发展需求和发展动力，体现了教师在自身专业发展中的主动性和能动性；其次，教师专业发展是一个动态和延续的过程，教师通过培训、自学、内省等途径，使个人专业能力和素质都发生动态的变化和提升，发展也呈现出递进性和阶段性；再次，教师专业发展具有多面性的内涵，包括态度、情感、素质、知识、能力等多个方面。

二、外语教师专业发展内涵

（一）外语教师专业素质

下面从行动研究角度阐释了教师素质的内涵：专门的学科知识，课堂观察和研究技能，研究和开发课程的技能，分析、判断、管理和评估、获取信息的能力，控制、描述自身行为和学生活动的能力，个人教学信念，自我反思能力，教学方法、教材及其运用，认识课堂行为和学生进步之间的关系，基于课堂教学情景修正和改变行为的能力等。

语言教师的素质包括知识、技能、态度和感知，应区分"知识"和"技能"两个概念。知识包括教师的专业知识和所教学生的学习背景、学习方式、语言水平及教学所处的社会文化背景知识。技能主要指教师的教学方法、具体授课行为、课堂管理和教材处理能力。二者构成教学的知识基础并随着教师自身的发展变化而不断完善。

一般认为，外语教师的发展包括"1＋x"。"1"指外语，"x"包括心理学、教学法、教育观念、语言理论、汉语、思想方法与其他知识，还有敬业精神。吴一安通过调查研究发现，优秀外语教师的专业素质框架由四个维度构成：外语学科教学能力、外语教师职业观与职业道德、外语教学观、外语教师学习与发展观。

综上，笔者认为，外语教师专业素质应至少包括知识、能力、素质和精神四个方面。

（二）外语教师专业发展机制

国外语言教师的培养模式经历了从学徒型到应用科学型再到反思型的发展过程。第二次世界大战以前，教师培养模式基本上采用学徒型，即有经验的教师告诉新手教师应该做什么，演示怎么做，然后新手模仿、体会、练习。应用科学型指的是自上而下向接受培训的教师传递整套理论。反思型模式认为教师不仅应具备可量化的行为规律，还应该具备更高层次的不可量化的技能和能力；这种高层次的能力不可能通过技巧培训获得，而是长期自觉反思的结果。

（三）外语教师专业发展影响因素

英国、美国等发达国家学者对外语教师专业发展进行了大量研究，形成了以教师为中心的教师专业发展方案和教师发展策略，如反思性教学、合作行动研究、探究性实践、案例教学。

国内学者近几年也开始了相关的实证研究。周燕对一组教师在一项长达一学年的大学英语改革实验中的成长历程进行了研究，并提出创建以教学科研项目为基础、由不同经历的教师构成的教师实践集体，是促使教师在实践中实现专业发展的一条重要途径。刘学惠通过建立一个英语教师课堂研究小组，探究了教师建构性学习对教师专业发展的促进作用。吴一安在一项规模型实证研究的基础上，探究了我国高校优秀外语教师专业发展的规律性特点、阶段性特征和优秀教师专业发展的成因：外语教师的专业发展是个长期逐渐进步的过程，主要是在教学实践中成就的；优秀教师专业发展的成因包括内因和外因两个方面，内因包括热爱外语教师职业、自我专业发展意识和教师自身因素等，外因包括宽松、积极向上、良性互动的教学环境、专家教师的典范、进修和学术研讨、国家整体大环境等。

三、高职英语教师专业发展

近年来，随着我国经济社会的发展和国家对职业教育的日益重视，高等职业教育得到了快速发展。据教育部教育统计数据显示，截至 2019 底，我国独立设置的高职院校已达 1 423 所，如何提高高职教育质量，以满足经济、社会的需求，已成为社会关注的焦点。高职教育的质量在很大程度上取决于教师队伍的整体素质。因此，建立一支高素质的教师队伍已成为我国高职教育高质量发展的关键条件。高职教育的目标是为生产、建设、管理、服务第一线培养高素质的技术技能人才，这就要求从事高职教育的教师不仅要具备扎实的专业理论知识和丰富的教学经验，还要具备一定的与学生未来就业岗位相关的实际工作的知识和能力，即具备"双师"素质，成为"双师型"教师。"双师型"师资队伍建设是提高高职教育教学质量的关键，是实现以就业为导向的职业教育培养目标、提高职业教育办学水平的需要，是推进职业院校教学改革、强化实践教学的需要。"双师型"教师考核评价要充分体现技能水平和专业教学能力。

高职英语教学应该注重与职业目标相结合，突出与行业相关的外语技能的培养，强化语言的应用性。高职英语教学要坚持其职业性和实用性导向，为培养既具有良好的英语应用能力和跨文化交流能力，又具有扎实专业知识的复合型技术技能人才提供有力支撑。要达到高职英语的教学目标，高职英语教师必须具有扎实的英语语言功底、高超的教学技能和一定的行业知识，并且了解相关专业工作岗位操作流程。

目前高职英语教师的专业发展并不乐观，英语教师普遍缺乏以就业为导向的行业外语教学所必需的行业知识和实践技能。高职院校外语教师大多是在学科型人才培养模式下培养出来的，大多是从普通高校毕业直接进入高职院校从事英语教学工作的，普遍缺少企业工作经验，专业实践能力、现场教学与指导能力、分析与解决企业实际问题的能力都比较弱。这必定会影响学生综合职业能力的培养，特别是职场中外语应用能力的培养。因此，高职英语教学很难达到外语课程的教学目标和专业人才培养的目标。高职英语教师所学专业大多为语言文学或语言教育，他们的知识结构比较单一，缺乏行业知识，在进行行业英语教学时，常照本宣科，高职英语的教学质量特别是行业外语教学质量可想而知。因此，"双师型"教师的严重缺乏是当前高职英语教育存在的一个亟待解决的突出问题，"双师素质"英语师资的培养势在必行。

随着国家经济社会的发展，当前高职院校发展已进入一个从扩大办学规模向提高办学质量转变的时期，加强内涵建设是实现这种转变的重要基础和保障。高职院校内涵建设的重点包括办学理念、办学思路、办学目标、专业设置、人才培养方案、课程体系、教学资源、教学模式、师资队伍、实训实习体系、诊断与改进体系、产学融合机制等。高职院校要走内涵式高质量发展的道路，首先必须加强师资队伍建设。教师是教学模式创新、课程开发、教学资源建设、实践体系建设等内涵建设的主力军，教师队伍素质和能力的高低直接决定了内涵建设的成败。

四、高职教学团队

教学团队是指以学科、专业、课程或教学项目为单位，以推进教学任务完成、推动教学改革创新、改进教学效果、提高教学质量等为主要任务，由为实现共同的教学改革目标而共同承担教学改革任务和责任的教师所组成的群体。高职院校的教学团队主要包括专业教学团队和课程教学团队。专业教学团队由专业带头人、骨干教师等一批专业素质高、实践能力强，为实现共同专业人才培养目标，彼此分工协作、相互依存的教师组成的群体。专业教学团队负责人才培养的全过程，包括专业调研、人才培养目标确定、人才培养方案制订、校企合作、课程开发、教学资源建设、教学模式和方法选择、教学实施和质量监控和学生就业等。因此，专业教学团队是一个具有较强教学能力、校企合作能力和教研科研能力的教师群体。课程教学团队承担着具体某一门课程建设任务，包括课程设置、内容选择、教材开发、资源建设、教学模式和方法手段的选择和创新、考核评价等。专业教学团队是学校专业人才培养的核心要素，课程教学团队是人才培养具体落实的关键，是实现人才培养目标的"细胞"。建立教学团队是提高教育教学质量、实现课程教学目标和人才培养目标的一项重要举措，也是高职院校内涵建设的重中之重。

第二节 高职专业英语教师发展途径

一、高职教师的特点

《国家职业教育改革实施方案》指出："职业教育与普通教育是两种不同教育类型，具有同等重要地位。"改革开放以来，职业教育为我国经济社会发展提供了有力的人才和智力支撑。高职教育兼具高等教育与职业教育的双重属性，它以培养拥有一定的理论知识并熟练掌握某一领域岗位技能为目标，承担着为区域经济建设和行业经济发展培养生产、建设、管理、服务一线所需的高素质技术技能人才的重任。随着改革开放、现代化建设的发展和经济结构的转型升级，社会对高职培养的人才的素质和能力提出了新的更高的要求，高职教育面临着许多发展机遇，也面临着新的挑战。

我国的高职教育介于高等教育与中职教育之间。由于办学历史短且没有现成的可借鉴的办学模式，我国高职教育一开始曾经照搬本科的教学模式，也即所谓的"压缩版本科模式"，其课程体系具有传统的本科教学的学科化特征，过分强调了理论知识的学习，而忽略了对学生职业技能的针对性培养，导致学生的实际能力无法达到高职的培养目标。随着国家对职业教育重视程度的不断提升、职业教育改革的深化和高职教育的理论与实践探索，我国高职教育的发展思路逐渐清晰，高职教育既不是中职教育的简单升级，也不是普通本科教育的简化压缩，而是具有工学结合、产教融合、就业导向等鲜明特征的职业教育类型的高等教育；高职教育更注重对学生实用性技术技能的训练，突出了综合实践能力的培养。

高职教育的特征决定了高职教师有别于中职教师和普通高等学校的教师，而具有自身的特定素质要求：一是与中职教师相比，高职教师应具有更加扎实的基础理论知识、深厚的专业功底和较强的科研能力；二是与普通高校的教师相比，高职教师应掌握比较全面的专业知识、突出的实践能力和一定的职场经验，熟悉高等职业教育教学规律和教学方法；三是与行业、企业的管理、技术人员相比，高职教师应具有更加专业的教学能力和教书育人的综合能力。

高素质的师资队伍是高职院校提高办学水平和综合竞争力的核心资源。优秀的高职教师必须是热爱高等职业教育事业，并具备高尚职业道德、深厚的专业底蕴、良好的职场技能和高超的教学能力的专业人才。高职教育的培养目标与人才培养模式要求高职英语教师必须更新教育观念。高职英语教师不仅要有扎实的英语语言和教育教学方面的基本功，还应熟悉相关职业和岗位的基本知识技能以及实践岗位对人才应有能力的要求，从而在教学中将专业知识、实践技能与英语语言学习融为一体，切实增强课堂教学的针对性和实效性。

二、高职教师的角色定位

高职教师专业发展首先要根据高职教育人才培养对师资的要求，科学定位、循序渐进、持续发展。高职教师不仅应当成为一名优秀的施教者，而且应该紧跟高等职业教育改革步伐，努力发展成为学生成长的促进者、教学过程的研究者、教学改革的实践者和终身学习的反思者。

（一）学生成长的促进者

高职学生生源多样复杂，其文化课基础普遍薄弱而且参差不齐，很多学生尚未养成良好的学习习惯，学习自信心明显不足，缺乏学习兴趣，但他们又有着较强的自我意识，难免会对学习和未来就业产生焦虑情绪。这就需要高职教师主动了解自己学生的情况，注重挖掘每一个学生的闪光点，走进学生的生活，成为学生学习活动的组织者、参与者和指导者；在学习上给予学生指导和帮助，让学生真切地体会到教师对他们的理解、支持和关爱，激发学生的学习动机和学习潜力，帮助他们明确发展方向、树立学习目标、注重学习过程，从而促进学生的健康成长和全面发展。

（二）教学过程的研究者

目前，许多高职教师对教学理论的掌握还不是很扎实，对科研的认识普遍不到位、不重视。高职教师整体科研能力不高，科研成果明显不足。一些教师对科研的认识还存在误区，不了解科研与教学的相互促进关系，教学只能停留在简单的经验积累层面，教学改革创新能力明显不足。因此，加强教师教学科研能力的培养，提高教师的科研水平和教学质量，是提高高职教育能力的重要措施。教师在开展科学研究活动时，必须学习和运用科学研究方法，以研究促教，实现教育研究与教学实践的相互促进和共同发展。

（三）教学改革的实践者

高职教师是教学改革的主体，既是设计者又是实践者。根据高职教育改革的要求和人才培养的目标，结合自身的课程教学，高职教师应坚持以学生为中心、德育为本、职业生涯为导向、服务发展的理念，积极推进和实施教学改革。高职教师应做到以下几点：一是坚持立德育人，推进思想政治课教学改革；二是坚持面向职场、强化职场实践能力的教学改革；三是坚持面向所有人，实施因材施教、分层教学、分类管理的教学改革；四是坚持面向未来，推进学生自主学习改革，促进学生可持续发展。因此，优秀的高职教师必须具备先进的教育理念和改革创新能力，成为教学改革的设计者、推动者和实施者。

（四）终身学习的反思者

随着经济和社会的快速发展，知识的更新也在加速。要想跟上时代的步伐，就必须树立终身学习的观念。为了适应职业教育的改革和发展，高职教师必须将终身学习贯穿整个职业生涯。社会的进步和教育的发展要求高职教师必须及时更新知识，不断提高自身的专业水平和教学能力，调整教学行为，以适应环境的变化和学生的成长。反思有助于高职教师在教学实践经验的基础上，不断地将感性认识提升为理性认识，即专家的理论知识与自身的实践经验相结合，内化为自身知识体系的一部分和教学能力的一个方面，运用所掌握的理论和方法，发现、研究和解决教学实践中的各种问题，从而在"螺旋式"循环教学改革中不断提高教学、科研能力和综合素质。

三、高职教师专业发展途径

高职教师专业发展是高职院校提高教学质量和可持续发展的必然要求，也是高职教师自身成长和发展的内在需要。教师专业发展的途径有很多，高职教师专业发展，结合其职业特点，主要有以下途径。

（一）专家引领带动整体提升

个人发展与组织环境密切相关。如果教师能够在学习型教学团队中工作，他们将在良好的学习文化和学习氛围的影响下，于不知不觉中不断进步和成长。专家的指导对教师发展和团队建设非常重要。因此，为了提高高职教师队伍建设水平，高职院校必须加强对专业带头人和课程带头人的培养。优秀的专业带头人和课程带头人应当具有高尚的道德情操、先进的思想观念、严谨的学识、深厚的学术造诣和突出的教学科研成果。他们可以在专业团队和课程团队中起表率作用，引导和带动青年教师专业发展，有利于整体教学科研能力的不断提高。

在发挥校内带头人引领作用的同时，高职院校还要面向校外、全国乃至世界，有计划地邀请校外知名专家来校组织专题学术报告、项目研讨、示范课程观摩、典型案例分析等活动，增加教师交流和学习探讨的机会，拓展改革思路，创新教学理念，提高教学能力和教学质量。

（二）企业实践提高职业能力

教育主管部门和高职院校应制定激励政策，以支持高职教师"下现场"，深入行业、企业进行实践锻炼，丰富实践经验，了解并熟悉相关行业、企业的经营、管理、运作模式和工作流程，培养实践技能，切实提高实践教学能力，从而在教学过程中有的放矢，做到工学结合，加强对学生职业技能的培养，促进学生专业技能不断发展。同时，加大校企合作力度，聘请具有丰富行业、企业经验的技能大师和产业教授在学校设立工作室，经常性地为师生开办讲座、指导实习实训等，提高教师的实践教学能力和学生对知识技能的实际运用能力。高职院校应从政策和经费上支持教师利用工作之余和寒暑假参与企业实践活动，大力培养具有理论基础和实践技能的"双师型"教师。在职称评定方面，对既有专业理论知识又有实践指导能力的"双师型"教师给予一定程度的倾斜，鼓励高职教师转变观念，努力提高自己的实践技能和职业能力。

（三）参与项目提高研究能力

社会和学生对高职教师的要求是多方位的。高职教师不应只是教书匠，更应是研究者、学者和专家。教、学、研相长是高职教师成长的一条重要途径。积极参与教科研项目研究，以研促教，是高职教师成长发展的必经之路。

第一，高职院校要加强政、校、企三方合作和产教融合，努力搭建产、学、研合作平台，从政策和经费上为教师创造条件。同时，要建立健全科研考评制度，客观、公正地评价教师的科研能力，并将科研成果与教师职称评审、个人收入等挂钩，营造教师积极参与科研的氛围。第二，通过加强学术交流，不断提高教师的科研能力。通过学术交流，教师能够及时了解专业的最新发展动态，学习他人的教学、科研方法，并通过撰写论文、编写教材、成果转让等方式推广科研成果。第三，要建设专业教师梯队，构建科研团队，发挥"传帮带"作用。围绕教科研课题、特色专业、在线开放课程、教学资源库等项目建立科研合作团队，发挥科研带头人的作用，带动和促进教师整体学术水平和教学能力不断提高。

（四）合作交流促进资源共享

高职院校和政府部门之间、高职院校和科研院所之间、高职院校和企业之间、高职院校之间、高职院校内部各院系之间要不断加强交流与合作，加强资源共享，促进共同提高。要根据高职院校教育国际化的发展目标和定位，加强与国外教育机构交流和科研合作，注意引进和借鉴国外先进的教学理念和教学科研资源，激活教师个体乃至整个专业队伍和教学团队的教学和科研热情，提升教育教学和科研水平。同时，通过加强与"一带一路"国家职业院校的教学、科研合作，积极输出和推广我国的优质高职教育资源，进一步提升我国高职教育的国际影响力。合作交流是促进教师成长提高的重要途径。高职院校应该从教师发展出发，立足本校，立足岗位，重点面向青年教师，大力开展旨在提高教师专业素养、满足教师发展需要和内在需求的各种国内外合作交流活动，为教师的成长发展奠定坚实的基础。

（五）自我反思推进螺旋发展

美国教育家李·S. 舒尔曼（Lee S. Shulman）在他的《理论、实践和教育的专业化》一书中提出："专业人士最困难的问题不是应用新的理论知识，而是从经验中学习。专业工作需要学术知识，但远远不够。"因此，高职教师必须培养学习经验、反思自身实践的能力。从经验中学习和反思自己的实践的本质是不断反思自己的工作，并从中汲取宝贵的经验。自我反思方式有很多，如教学日记、教学后记、反思日记、案例分析。反思不仅是一种研究，还是一种学习，更是一种促进和发展。因为人们在反思的时候，必须系统地分析、比较问题的表象、本质和特点，找出存在的问题，找到解决问题的最佳途径。这对高职教师能力的提高和专业发展有很大的帮助。

（六）终身学习促进持续发展

高职教师既是知识的输出者和传播者，又是实践活动的示范者和引导者。学生的知识转移和技能培训要求教师综合运用自身的知识和能力，熟悉工作场所的实践过程和岗位工作流程。高职教师只有掌握系统的专业知识，才能有效地向学生传授知识；只有掌握岗位技能，才能指导学生具体操作，培养实践技能。在"信息爆炸"的现代社会，高职教师只有不断地学习和吸收新知识，与时俱进，不断地提高自身的综合能力，其专业能力才能得到很好的发展，才能适应学校改革发展和人才培养的需要。为了适应高等职业教育可持续发展的要求，高职教师必须树立终身学习和全面学习的理念，边学边做，不断提高获取知识和信息的能力，丰富和更新知识结构，以便更好地为学校发展服务，促进自身的可持续发展。

高职英语教师专业发展方式与其他高职教师相似，但也有其自身的特点。基于高职教育改革与发展的总体要求和发展趋势，结合高职英语教学改革的实际，笔者认为除上述途径外，高职英语教师专业发展应重点加强对信息化教学能力、工业英语教学能力和课程思想政治教学能力的培养，从而使高职英语教师能够更好地适应当前高职英语课程教学模式和教学内容改革的需要。

第三节　高职专业英语教师的信息化教学能力培养

随着高职教育改革的深入，信息技术的飞速发展及其在教育中的广泛应用，信息化教学在高职英语教学中越来越普及。例如，语言实验室从模拟实验室发展为数字实验室，语言实验室的集成度和功能越来越强大；各种信息应用平台也不断引入高职英语教学，如高职英语自主学习平台、英语 MOOC 平台、高职英语应用能力在线考试平台、高职英语教学资源库及各种英语学习软件。这些信息化的英语教学资源对促进高职英语教学模式和学习模式的改革与创新，提高学生自主学习能力和高职英语教学质量起了重要作用。然而，在信息化教学的推广应用过程中，高职英语教师的信息素养相对较弱、信息化教学能力整体较低，在一定程度上阻碍了高职英语教学信息化教学资源的充分利用和教学成果的产生，不利于高职英语教学改革的进一步推进。因此，加强高职英语教师培训，尽快提高教师信息素养和教学能力，是当前高职英语教师队伍建设的重点之一。

一、高职英语教师信息化素养培养

（一）信息化素养内涵

信息素养的概念是由保罗·祖尔科夫斯基（Paul Zurkowski）在1974年提出的。他认为信息素养是一种能够使用各种信息工具回答问题的技能。信息素养也是一种知道何时需要信息的能力。它是一种检索、评估和应用信息的能力。有些人认为"具有信息素养的人可以知道何时需要信息、如何收集信息、如何评估信息以及如何有效利用信息"。其他人将信息素养定义为"信息时代的人们需要具备的综合能力"，即能够熟练地使用计算机发现问题并解决问题。信息素养的概念是系统的、多样的。它强调人们需要具备发现信息、确定信息、评估信息、组织信息和生成信息的能力。只有具备了信息素养，信息社会和信息社会中的人们才能最大限度地发挥自己的潜力。因此，信息素养就是处理信息的能力。

一个人要提高自己的信息素养，必须具备识别信息、获取信息、评价信息、整合信息、处理信息和使用信息的能力。信息素养已成为信息时代人们必须具备的一种非常重要的能力。获取信息的最终目的是充分、全面地利用信息。人们只有具备分析和处理信息的基本能力，才能在解决问题的过程中不断创造新的信息。根据工作特点和需要，从事教学的教师必备的信息素养主要包括能够在教学过程中科学筛选和正确使用相关信息，使信息更好地为教学服务，通过正确使用信息提高分析和解决问题的能力，提高教学水平和课堂教学效果。因此，信息素养实际上是一种与教育相关的技能和素质。

（二）高职英语教师信息化素养内涵

高职英语是我国高职院校一门重要的公共基础必修课。随着世界科学技术的飞速发展，互联网技术和计算机在各个领域均得到了广泛的应用。这不仅是高职英语教学改革的重要技术基础，也是高职英语教学改革的良好发展机遇。2004年以来，我国全面实施了新一轮高校教学改革，重点是以计算机推广为基础的网络教学改革。自主学习方式在大学英语教学中得到了有效的推广。高职英语教学不再是"满堂红"的必由之路，教师不再是课堂的主角。信息化教学改革后，英语课堂以学生为中心，课堂师生互动越来越强。正是由于信息技术的飞速发展，高职英语教学有了加快改革步伐的条件和基础。高职英语教师应充分利用信息技术的优势，转变教学观念，提高运用信息技术改革教学的能力，树立创新精神，不断为国家经济和社会建设输送更多优秀的技术型和技能型人才。

信息素养要求教师具备综合能力，即能够获取、识别和处理信息，并充分利用和有效传播信息。教师的信息素养还包括收集、分析、处理和呈现信息的能力。教师需要在教学过程中充分利用信息工具和信息资源，传授语言知识，培养语言技能，提高英语应用能力，以适应信息社会对高职教育的要求。一般来说，教师信息素养包括两个层次的内涵：一是信息概念，即对信息、信息社会和教育信息化的理解和态度；二是信息能力，即实践层面的素养，指教师理解和应用各种信息技术的能力。英语教师的信息素养主要包括信息意识、信息知识、信息能力、信息与课程整合能力和信息伦理五种能力。高职英语教师在实施网络教学和自主学习教学时，必须具备前四种能力。

（三）提高高职英语教师信息化素养的途径

高职院校英语教师信息素养是促进英语信息教学改革，提高英语教学质量的重要基础和保证。目前，我国高职院校英语教师的信息素养普遍不高，信息技术在高职英语教学中的应用还不够深入和全面。因此，为了使信息技术在高职英语教学中得到广泛应用和发挥重要作用，促进高职英语教学改革的不断推进和深化，加快培养高职英语教师信息素养迫在眉睫。

培养高职英语教师信息化素养主要有以下途径：加强教师信息技术培训，组织教师参加信息技术实践活动，加强教师自身学习。

1. 加强教师信息技术培训

教师信息化素养不足会严重影响信息技术在教学中的普及和广泛深入运用。一名合格的网络英语教师应当既具有扎实的语言基础，又擅长网络技术的应用。因此，高职英语网络教学及自主学习的改革和实施首先要解决的问题是高职英语教师信息化素养的培养和提高，要通过有效的技术培训，提高高职英语教师的信息化素养。学校可以定期举办信息技术培训，组织教师参与其他各种层次的信息化培训，最好能够和有关信息化教育机构合作开展培训，注重信息化理论、技术和教学实践的有机结合，以提升培训效果，提高培训的针对性和实效性。教师培训的内容应结合实际需求，体现实用性和多样化，如如何设计与制作课件、如何设计与制作网页、如何整合信息技术与外语教学内容、如何设计和制作微课、如何建设在线开放课程、如何开展混合式教学、如何参加信息化教学大赛。这些需求为高职院校制订教师培训方案提供了很好的参考。目前，我国高职院校英语教师的教学任务比较重，应多开展一些在岗培训、短期培训和网络培训等。学校可以安排一些英语教学骨干到信息化技术应用较好的学校开展交流学习，也可以组织开展信息化教学的竞赛，调动英语教师学习信息、利用信息开展教学的热情和积极性，还可以与软件及设备生产商联系与合作，邀请生产企业专业技术人员来校为教师举办讲座或培训班，使教师及时掌握新的信息技术，熟悉新的信息化设备的使用方法。

2. 组织教师参加信息技术实践活动

教师信息素养的提高需要大量的教学实践和培训。实现信息的高效利用是信息技术的最终目标和价值体现。它可以充分、有效地利用信息技术促进教学改革，提高教学效果，解决教学中遇到的问题。同样，这也是教师提高自身信息素养的最终目标。为了有效提高教师的信息素养，教师必须积极参与各种信息技术的实践和应用活动。教师可以积极参与英语教学资源库、微型课程和在线开放课程的建设，因为教师本身就是语言教学的实践者，对学生需要的知识有更直观、更真实的感知。教师参与信息化教学资源建设，需要发现资源、制作资源、拼接资源、编辑资源。他们不仅可以进一步加深对信息重要性的理解，提高分析、选择、整理和处理信息的能力，还可以提升更高效、更快地传递信息的能力。此外，通过这种信息化实践活动，教师可以利用现有的教学设备设计课程、准备教材、进行教学实践，真正将信息化教学融入日常英语课堂教学和学生自主学习指导中，提高学习效率和效果。

3. 加强教师自身学习

自主学习、反思和强化应用是提高教师专业能力的重要途径，也是提高教师信息素养的有效途径。高职英语教师应加强自学，充分利用网络和信息工具，及时更新知识储备，理解和掌握新理论、新思想、新技术，自觉提高信息素养。我们现在正处在一个信息飞速发展的时代。各种新技术、新思想更新发展很快。因此，高职英语教师必须始终保持学习热情，不断学习新的教学理论、计算机与网络新技术以及各种信息课程开发技术和方法，学习如何使用各种新型信息化教学设备和教学软件，学习音视频制作技术，学习网络查询和资源采集技能，学习利用网络开展教学的新方法。信息时代要求英语教师尽快提高信息素养。以计算机为载体、互联网为发展平台的信息技术的飞速发展，给高职院校英语教学的改革与发展带来了前所未有的发展机遇和巨大挑战。为了尽快适应和充分利用这些变化，高职英语教师应更新观念，转变角色，提高信息素养。建立一支善于运用信息化教学手段的高素质英语教师队伍是各高职院校关注的焦点。

二、高职英语教师信息化教学能力的提升

（一）高职英语教师信息化能力提升的重要意义

教育信息化需要科学技术的支持，教育的发展也推动着教育信息化的发展。当今社会，教育信息化极大地推动了教育理念、教育理念、教学内容和教学方法的改革。高职英语教学改革的最终目标是实施信息化教学模式，将英语教学与信息技术有机结合，促进信息化教学方法在教学中的普及和应用，提高教学效率和教学效果。当代大学生是随着信息技术发展而成长的。他们熟悉网络和信息技术。信息化教学不仅是教学改革的需要，也是时代发展的需要。面对复杂的网络和丰富多彩的网络资源，学生在自主学习过程中必须有教师给予有针对性的专业指导。因此，高职英语教师必须提高自身的信息素养，发展自己的信息能力，将信息技术与教学有机结合，利用多媒体和网络创造新的教学情境和氛围，加强师生互动交流，引导和鼓励学生开展自主学习，促进学生自主学习能力和综合素质的不断提高。

1. 信息化能力促进教师教学能力的提升

高职英语教师不仅要掌握基本的信息技术，还要充分利用这些信息技术，将信息技术与英语教学结合起来，创新教学模式，改进教学方法，不断提高教学水平和教学能力。例如，教师在备课时可以充分利用网络资源，丰富课堂教学内容；教师可以引导学生在信息技术虚拟教学情境中学习，以提高学习效果；教师可以利用一些高效、便捷的信息工具对学生的教学进行评价，从而提高评价的多样性和科学性；教师可以将先进的信息技术与英语教学内容相结合，提高信息化教学的水平和效果。可见，注重教师信息能力的培养可以有效地提升教师的教学能力。现代教育理念注重提高学生的自主学习能力，鼓励学生充分利用网络和计算机技术参与教学，根据自身特点进行个性化学习。在信息化教学模式下，教师的角色发生了变化。他们不仅是知识的传递者，也是知识、信息和资源的积极推动者。他们不仅注重对学生学习结果的评价，更注重对学生整个学习过程的评价。因此，信息化教学改革必将促进教师教学观念的转变和教学能力的提高。

2. 信息化能力促进教师科研能力的提升

高职英语教师的课程研究过程实际上是对自己的教学过程和教学经验进行批判和反思的过程，能够促进教师教学能力和综合素质的不断提高。开展课程研究有利于提高教师的专业水平和教学能力，不仅能够为教师提供更为丰富的信息资源和多元化的科研手段，还能为他们提供更为丰富的信息化发展平台。因此，高

职英语教师必须尽快提高自己的信息素养，发展自己的信息能力，充分利用各种信息资源开展教学研究，以促进自身专业水平的不断提高。

良好的信息素养和信息能力有效拓展了教师的学习渠道。通过网络，教师可以获得比书本更丰富的语言学习材料和教学资源。信息技术与英语教学的融合需要充分发挥英语教师的科研能力和水平。教师不仅要学习新的教学理念，要掌握现代教育技术和信息技术，还要具备扎实的基本语言技能。只有这样，教师设计的教学模式才能有针对性，才能激发学生的学习兴趣。因此，教师只有不断提高自己的信息能力，才能拥有更丰富的教学手段和科研能力，为学生创造更好的教学环境，及时解决教学过程中遇到的问题。教师应结合现代信息手段，加强科学研究，经常审视和反思自己的教学实践，不断提高自己的科研能力。

3. 信息化能力促进教师专业能力的发展

现代社会是一个信息化的社会，信息技术为教师提供了更加丰富的资源和手段，促使教师形成终身学习的理念。教师信息化能力的提高，可使教师有更多的途径获得信息和专业资源，能够促进教师专业能力的发展和提高。高职英语教师要通过信息化能力的提升，及时了解和学习新的教学理念、教学方法和教学策略，加强与学生的互动交流，了解学生的所思、所想、所需，不断提升自身对层出不穷的新教材、新软件的鉴别、分析和选择能力，根据自己的教学对象、教学目标和教学实际，对海量的教学资源进行遴选、整合，设计出最优化的教学方案，创设信息化的教学环境，从而提升自身专业能力和教学水平。由此不难看出，在现代教育改革中，教师信息化能力的提高对教学改革的成败起着关键性的作用。

（二）基于信息化教学的高职英语教师角色定位

在信息化教学环境下，高职英语教师面临着更大的挑战，因为信息化教学模式对高职英语教师提出了更高的要求。高职英语教师必须改变传统的教学理念和教学模式，学会运用先进的教学模式，采用新的教学方法和手段，如此才能适应当前信息化教育的需求。在信息化条件下，高职英语教师除了具有一般的英语教师角色外，还担任以下角色。

1. 教学资源的设计者和开发者

在信息化教学环境下，高职英语教师已经由传统教学中单一媒体、简单教具的使用者发展为英语网络多媒体教学资源的设计者、开发者和使用者。高职英语教师的教学准备由过去的教师个体劳动转变为教师团队的集体行为，英语教师团队不仅要制作适用于某一门课程的教学课件和辅助学习资料，要负责设计和开发英语在线开放课程、英语教学资源库等教学资源，还要和学生互动交流，负责对学生提出的问题进行答疑辅导。因此，教师必须具有良好的信息化教学能力和扎实的专业基础，同时要学会团队合作，只有这样，才能圆满完成信息化教学任务。例如，英语教师在设计语言单元训练任务时，要使学生能够在接受真实任务的探索、学习和语言训练后拓宽语言知识，提高语言技能，提升解决问题的能力。这就要求教师在网上有针对性地设计能够提升学生语言技能和综合能力的学习任务，并让学生在一定的教学情景下、在规定的时间内完成任务，而且提交后很快就能查看任务完成情况评价结果。语言单元训练任务的完成是学生解决问题、实现教学目标任务的前提，他们只有掌握了必备的语言素材，才能对相关的语言材料进行操练和应用。学生可以选取教师设计的各项单元任务，如"生态旅游""铁路发展""网络购物"，通过网络查找相关资料，对信息和材料进行分析整理，并和老师、同学交流、讨论，最后以网上作业的形式提交自己的单元主题任务研究成果。

2. 教学模式的构建者和实施者

在信息化教学环境下，为了更好地发挥网络多媒体的优势，激发学生的学习兴趣，提高学生的学习效率，高职英语教师必须主动设计教学模式、创新教学方法。例如，设计和运用主题教学模式可以很好地激发学生的学习兴趣，提高学生的学习效果和学习能力。在设计主题教学模式时，高职英语教师应该选择学生感兴趣的热点话题，如校园生活、就业面试、人际关系、大国工匠、国家名片。主题教学模式是围绕某一特定主题展开的，教师提出主题，设置学习任务和学习目标，学生以小组形式共同完成主题任务。教师在教学时，要精心设计教学模式和教学步骤，合理使用线上、线下两个课堂和课内、课外两种场合，充分调动学生的学习主动性和积极性，发挥团队合作的力量，促进学生学习效果、学习能力和团队合作能力的提高。

3. 学生网络学习的监控者和帮助者

网络多媒体教学的显著优势是其对学生学习具有网络监控作用。通过网络监控，教师可以及时了解学生的学习过程和学习成效，帮助学生实现学习目标。教师是学生网络学习的帮助者，对后进生的帮助非常必要。教师可以通过网络学习平台查阅学生学习教学视频的次数和时长，了解学生的学习进度和作业完成情况；教师可以通过查阅学生在论坛参与讨论的次数和活跃度，了解学生对课程的学习积极性的高低；教师也可以通过查看网络单元测验成绩，了解学生的学习成效。教师应根据网络监控情况记录学生的学习过程，并及时帮助学生解决学习中的困难，促进学生及时掌握知识、提高能力，顺利完成教学目标。

在指导学生进行网络学习时，教师要根据不同学生的不同问题，给予不同的指导和辅助，让不同基础的学生都能取得进步。教师在帮助学生开展网络学习时，要注意人性化管理，对学生的探索和研究要给予鼓励，让学生能够克服畏难情绪，树立学习信心，顺利解决问题，完成自主学习任务。

4. 学习方法的指导者和学习动机的促进者

在信息化教学环境下，学生要顺利完成学业，首要的任务是摒弃陈旧的学习观念和墨守成规的惰性思维，养成主动学习的良好习惯。教师在引导学生转变观念中起着至关重要的作用，所以，教师应协助学生实现从应试式的接受知识输入的被动者身份向自主获取知识、积极参与知识构建的主体身份的转变。因此，教师必须转变教学观念，实现由课堂主讲人向学生学习的组织者和指导者的转变。教师根据教学目标精心设计教学方案，组织教学内容、学习任务和教学资料等，学生则通过教师提供的教学材料和讲解、指导进行学习。信息化背景下，教师不仅要介绍教学目标、教学内容、学习方法和考核评价等，使学生对课程学习有整体的了解，还要指导、帮助学生养成良好的学习习惯，增强学生的学习能力，提高其学习效果。学生应在教师的授课和指引下，有计划、有针对性地进行自主学习和个性化学习，养成良好的学习方法，提高学习成效。

由于学生受其自身知识和认知的限制，他们对整体的教学目标和教学过程往往无法全面理解和准确把控，所以在进行自主学习时，他们经常会遇到各种问题和困难，从而丧失学习兴趣和主动性。在现代信息化教学背景下，教师应该借助交互式课程设计与组织，通过多媒体、微课等方式，使用翻转课堂、慕课等新型教学模式，激发学生的学习兴趣，使学生体验成功的喜悦，激发并维持强烈的学习动机。

5. 学习系统的构建者和交互学习的促进者

网络多媒体技术为学生的英语学习提供了非常便利的条件，但是网络教学的实施首先是要建立一个完善的在线学习系统或者在线开放课程系统。这项工作必须主要由高职英语教师在信息技术人员的帮助下完成。这一学习系统包含教师端和学生端。学生提交个人信息申请后，经教师批准就可以进入系统学习。在线学习系统包括课程介绍、单元学习包、辅助教学资源、互动讨论区以及期中、期末考试等。单元学习包包括教学短视频、教学课件、学习文本资料、作业、单元测验等。学生进入学习系统后，可以非常方便地学习课程、下载资源、完成作业和自主测试，并能与老师、同学在网上开展互动交流。

单纯的语言输入并不能实现语言的习得，交互活动才是语言习得的关键。网络多媒体教学为高职英语学习的交互互动提供了便利条件。作为英语交互学习的促进者，高职英语教师应该组织指导和激发学生积极参与到主题单元的交互活动中。例如，可以在开放课程讨论区给学生布置学习任务，提出相关问题，为学生分析、解决问题提供指导，组织学生在讨论区积极发言，讨论交流，集思广益，最终不仅会提高学生的英语语言运用能力，还可以大大提高学生分析问题、解决问题和表达思想的能力；教师也可以通过 QQ 群、腾讯视频组织学生讨论交流。这些网络交互活动可以是即时交流，也可以是延时的过程性交流。在交互活动中，教师始终以学习促进者的身份，通过多种方式全方位参与互动，与学生进行多层次、多角度的交流与研讨，促进学生在相互学习的环境中得到成长和发展。教师由传统教学中的学习监管者和旁观者演变为学习合作者和促成者。

6. 大数据的运用者和终身学习的实践者

随着大规模在线开放课程的不断推广应用，学生可以免费获取大量的社会优质课程资源和所在学校的特色在线课程资源，学生学习英语有了更多途径。这就对大学英语教师提出了更高的要求。大规模在线开放课程平台的建立，使得学习各门网络课程的学生不断增多，也促使网络课程资源得到不断丰富和发展。高职英语教师可以通过对学生的海量学习信息进行搜集和分析，更准确地把握课程特点、学生特征、学生学习状况和学生学习效果，了解学生的学习规律和课程运行中存在的问题，从而进一步优化课程教学内容和方法，更好地开展因材施教。

科学技术的快速发展要求教师必须成为终身学习者，不断更新教学理念，学习新知识、新理论、新方法。在信息化教育背景中，教师不仅是终身学习的倡导者和维护者，更是终身学习的实践者。高职英语教师不但需要具备现代教学理念，更需要不断地学习、吸收新知识和新信息，不断充实自己，不断改善和提高教学技术和教学方法。我国正在经历一场信息技术革命，不仅带动了教学技术和教学手段的日新月异，也促进了教学模式的不断变革，这对教师信息化教学能力的发展提出了更高的要求。高职英语教师必须积极进取，勇于探索，主动投入信息化教学改革实践中，不断提升自身的信息化教学能力，才能适应时代的发展和人才培养的需要。

（三）信息化教学对高职英语教师能力的要求

在信息化教学背景下，对教师的信息化教学能力的基本要求主要体现为三个层面：一是信息素养能力，包括获取信息资源的能力、组织与加工能力、开发与利用能力；二是知识的融合能力，包括教育教学知识、学科专业知识和信息技术知识三个方面的融合能力；三是反思性实践能力，包括复杂情境中的问题解决能力、行动中的反思能力和反思中的创新能力。

教师的信息技术应用能力主要包括搜索、创新、运用、分享四个方面。

1. 搜索

教师要掌握常用的资源信息搜索工具、教学中常用的资源搜索方法与技巧，能够运用搜索工具找到相应的教育教学资源。

2. 创新

教师要掌握常用的素材加工工具软件，能够根据教学需要对教学素材进行加工改造，如对图片、音频、视频和微课等资源进行编辑和修改，以满足自身教学需要，实现数字资源的创新利用。

3. 运用

教师要具备将信息技术与教学深度融合的理念，将信息技术与学科教学有机结合。

4. 分享

教师要具有资源共享的理念，掌握常用的多媒体软件工具与平台的使用方法和技能，充分运用信息技术软件平台与工具，与同行分享。

（四）信息化教学背景下高职英语教师专业发展途径

1. 更新理念，终身学习

教师的职业特点决定了教师要终身学习，不断研究和创新。教师在教学过程中承担着多重任务，承担着全部课堂教学活动的设计与组织实施。教师是学习活动的组织者，学习活动需要教师的组织和引导。在信息化教学环境下，教师有了更多新的角色，也发挥着更加重要的作用。信息化教学模式与传统教学模式存在很大的差异，教师要想适应和胜任信息化教学模式，就必须树立终身学习理念，主动学习，不断学习。传统的教师培训通常采用的是专家讲座式、观摩考察式等形式，缺乏针对性和实效性。信息技术的飞速发展打破了人们交往的时空界限，拓展了教师的学习培训空间。学校可以聘请专家开展网上培训、指导、诊断、评价。教师也可以通过网络开展学术交流，提高自身的教育教学能力。教师还要不断地更新教育观念，要树立"以学生为中心"的理念，充分发挥学生的主体作用，把课堂还给学生，为学生提供充足的学习资源并给予学生学习策略的指导，根据教学实际灵活运用教学方法，激发学生的学习兴趣和学习动力，促进学生得到更好、更全面的发展。

2. 注重实践，提升能力

教师要适应教育信息化、现代化不断发展的要求，不断实践，努力提高自身的专业化水平，促进教育教学水平和能力的不断提升。教师专业发展的过程就是教师人生价值实现的过程，是教师在充分认识教育目标意义的基础上，不断提高自身专业修养、掌握教育教学规律、学习学科专业知识、提升学科专业技能和提高教育教学水平的过程。教师只有不断地提升自己的专业水平，才能使教学工作始终保持旺盛的生命力。信息技术在教学中的不断应用，促使越来越多的新理论、新成果进入课堂，知识不断得到更新，如果教师不能与时俱进，就很难跟上时代的步伐，难以完成教学任务。因此，要成为一名优秀教师，除了要具有深厚的学科知识、过硬的语言基本功、全面的教学技能，还要掌握教育学、心理学和信息技术等相关学科知识。教师要在教学实践中不断地学习，提高自身的专业化水平，在理论指导下不断提高自己的教学水平。

3. 注重反思，促进发展

教学反思是教师自我学习、自我提高的有效途径。高职院校要引导教师养成教学反思的习惯，增强研究意识，以反思的眼光分析与解决其在教学实践中遇到的实际问题，强调教师之间的合作配合、互相学习与经验分享。高职院校要加强英语教学科研团队的建设，加强教师教改科研能力的培养，正确引导英语教师专攻某一专业方向，加强英语和其他学科的教研合作，实现课程建设和项目建设的共同提高，从质和量两方面发展教师综合能力，从而加快英语教师的专业发展进度。高职院校应该关注英语教师专业发展的方向及进程，努力做好教师专业发展的导航标和后备资源力量。教师专业成长是教师学会教学、做好科研和逐渐提升自身的发展过程，也是教师将自己的所教所学形成实践经验的优化过程。

4. 营造环境，加强培训

要加快高职英语教师专业化发展，学校必须为教师营造良好的发展环境，并提供有效的支持。一是组织开展校本培训活动。例如，可以组织骨干教师编写培训材料，对青年教师进行培训帮助，促进青年教师分享成功经验，掌握现代教育技术；积极组织信息化教学大赛，加强教师信息技术与课程整合训练，大力鼓励优秀中青年教师参加，互相学习，取长补短，共同提高。二是加强网络培训。例如，可以通过网络视频学习或专家引领这些途径，达到提升教师自我信息技术应用水平的目的；通过建立或加入各类信息技术 QQ 交流群、微信交流群或组织参与 BBS 论坛讨论，达到相互交流、相互促进的目的。三是对教师实施分类培养。例如，对于骨干教师或学科带头人，强调具体任务的落实，要求对信息技术的应用做出示范与引领；对于中青年教师，学校可以提出或制订明确的发展计划，使他们能够有计划、分阶段地完成相应的任务，从而提升他们的教育教学能力。

5. 加强教师信息化能力的培养

当代社会信息技术的快速发展，为信息化教学的应用与推广提供了技术条件和基础。高职英语教师必须具备驾驭信息及信息技术的基本素养和能力，要充分认识到现代教育信息技术不只是辅助手段，它已经成为现代学校教育文化的重要组成部分。教师不仅要探索如何使用现代信息技术去营造教学活动环境，开展教学活动，还要研究新技术、新环境对学生成长和发展带来的影响。教师要将其学科知识与信息技术进行整合，使自己的知识结构得到优化，并能灵活自由地以多媒体和网络为基础，对课程内容进行信息化处理，高质量地实施教学活动。教师可以利用信息加工工具引导学生自主学习、探究学习，以达到提高教学质量的目的。只有当教师知道如何应用网络以及如何发挥网络在教育中的全部潜在优势，教学改革才能得到不断深化，教学质量才能得到不断提高。教师只有充分认识到信息化时代对自身的要求，努力提高自身的教育信息化教学水平，注重新技术、新知识、新理论的不断学习，不断地总结与反思，才能成为具有时代气息的高素质教师。

第四节　高职专业英语教师行业英语教学能力的培养

行业英语教学是企业岗位能力需求与高职英语教学的结合点和切入口，能使高职英语教学与学生未来的目标岗位群紧密联系，真正把英语学习转变成学生今后专业领域中解决问题的工具。因此，行业英语是高职英语教学改革的重点和难点，而要顺利推进行业英语教学改革并使改革取得明显实效，加强高职专业英语教师行业英语教学能力的培养是关键。

一、高职行业英语教师应具备的能力和素质

（一）扎实的英语文化功底

高职行业英语教师首先是语言教师，必须掌握丰富的英语语言知识，具备扎实的英语功底和较高的英语水平，对英语的词汇、句法、语篇等有比较深刻的了解和研究，同时具备扎实的跨文化交际知识。只有具备了英语语言文化知识和教学法知识，他们才能完成行业英语课程设计、教材编写、教学实施和教学效果评价等工作，才能指导学生掌握行业英语的学习规律，培养学生的行业英语应用能力。

（二）必要的专业知识和能力

高职行业英语教师要深入了解与行业英语相关的专业知识，掌握必要的专业技能，积累从业经验，还要将英语知识和专业技能有效融合，找到针对性的行业英语教学方法和策略，重点培养学生在相关行业领域的英语应用能力。专业基础理论知识和专业实践知识是行业英语教师有效开展教学的重要条件。比如，从事轨道交通行业英语教学的教师，不仅需要熟悉铁路运输重要工作岗位的工作内容

和工作流程，还要指导学生在工作情景中进行训练并培养他们的英语综合应用能力。专业实践知识对行业英语教师来说是重点，也是难点，因为它需要行业英语教师加强与企业的联系，主动参与企业实践。这部分行业英语知识和技能是学生步入社会所急需的。

（三）行业英语课程教育学知识

教育学知识是教师形成教学能力的基础，有利于教师构建科学的教学观、学生观和学习观，也有利于教师在实际的教学情境中开展反思性和探究性的教学实践，是影响教学成效的重要因素。行业英语教师只有具备比较丰富的教育学知识，掌握了教育学的相关原理，才能在面对行业英语教学任务时从容应对、科学施策，以最优的方案组织并实施行业英语教学，从而提升行业英语的教学效果。

（四）较强的实践能力和教学指导能力

高职院校行业英语教师必须具有一定的企业实践经历，具备较强的生产、建设、管理和服务岗位实践能力和教学指导能力。通过教师有效的指导和实践示范，学生能够深入了解未来职业领域的工作内容，掌握所需的英语实践应用技能，从而胜任未来的工作。

（五）较强的科研和创新能力

科研能更好地服务教学，促进教学，提升教学质量。高职院校行业英语教师要重视科研工作，其科研能力的提升是提高教学水平、提升专业素养最直接、最有效的途径。高职院校必须实施创新教育，培养创新型人才。行业英语教学是一个综合多方面知识的教学项目，需要教师创新思维和综合能力的支撑。因此，高职英语教师应主动培养自身的创新能力，从而培养出更多创新型高素质技术技能人才。

二、目前高职行业英语师资存在的主要问题

行业英语师资主要存在以下问题。

（一）师资知识结构存在缺陷

有些教师因为自身知识结构的欠缺，不能很好地胜任行业英语教学工作。通用教师多属于语言型或文学型人才，具有比较熟练的语言教学技能和深厚的语言学基本素质，但缺乏行业英语教学方法和经验。由于不熟悉目标语境，部分英语

教师在教学中难以将英语与专业知识和行业背景有机结合起来，会给教学带来一定的困难和局限性。专业教师熟悉专业知识和相关行业词汇，但他们的英语教学技能和水平有限，在教学时，常采用传统的"灌输式"教学法或翻译法教学模式，难以开展语言综合技能的全面训练，教学效果不乐观。

（二）"双师型"教师队伍比例偏低

高职教育作为一种类型教育，具有自身的本质特征。"双师型"是高职教师职业内涵的重要特征。目前，大多数高职英语教师缺乏企业工作经历和生产实践经验，不具备职场环境中的实训的组织指导能力，因而无法满足行业英语教学的需求。

（三）行业英语教学支持力度不够

行业英语教学在高职院校是新生事物，实施时间不长，积累经验不足，教学成效尚未充分体现，目前还没有得到教学管理部门的充分重视。行业英语教师在教学过程中没有成熟的模式和经验可以借鉴，自身已有的知识结构还需重新调整，教学任务和教改压力繁重，这些因素在一定程度上影响了行业英语教学的效果和可持续发展。

三、高职行业英语教师的培养途径

（一）加强行业英语师资团队建设

合格的高职行业英语师资队伍既要有较高的英语水平，又要掌握扎实的专业知识，还要有较强的行业实操能力。使行业英语师资团队快速达标的方法是高职英语教学部门和学校专业学院、企业开展合作共建，开展"英语教师＋专业教师＋行业人员"的合作模式。高职院校可以通过对现有的英语和专业教师进行资源整合和强化培训的方式，培养满足行业英语教学所需的兼具高水平英语能力和专业能力的综合型师资团队。例如，高职院校可以选派专业教师对英语教师进行专业方面的培训，鼓励英语教师听专业课，参加专业进修。对英语水平达到一定基础的专业课教师进行系统的英语强化培训，重点培训他们的各项英语技能和英语教学方法。高职院校可以建立行业英语教学合作教研室，将英语骨干教师和优秀专业课教师吸收进来，搭建行业英语教学团队交流学习平台，在线开展互动交流与探讨，开展跨学科联合教学，将英语和专业课有效结合起来，取长补短，合作共赢。另外，高职院校应聘请企业优秀专业人员到校实施现场教学，并对行业英语教学进行实践能力的培养指导，行业英语教师也要定期深入企业，提高实践能力。

（二）加强行业英语师资培训

开展校外培训、校本培训计划可以在较短时间内提高教师的专业知识和技能水平。高职院校应有计划地选派优秀青年教师到企业"双师"培训基地、高等师范院校及专业培训进修机构进行校外培训，鼓励教师完成相关培训课程后获得相应的职业资格证书。校本培训主要面向新进的青年教师，通过邀请其他高校的专家、名师和客座教授做讲座、传授教学经验或由本校教学年限长、教学经历丰富的老教师对年轻教师进行"传帮带"，或者通过"师徒结对""青蓝工程"师资建设项目，帮助青年教师在较短时间内发展为教学能手和专业能手。学校还要建立激励机制，鼓励在职中青年教师进行深造，提高学历层次（如博士学位），不断提高师资的整体素质。

（三）引进高水平行业英语师资

高职院校应大力引进高水平的行业英语师资，引进的高水平师资需要具备先进的行业英语教学理念，既精通专业技术，具有行业企业工作经历，又对高职英语教育有深入的研究。高职院校可以聘请来自行业一线的顶尖专业技术人员，着重提升他们的教学能力，还要采取切实有效的扶持措施，集中学校优势资源，积极培养一批教学经验丰富、英语水平高和专业实践能力强的骨干教师和课程带头人。此外，高职院校应制定倾斜政策，鼓励和支持学校行业英语教学改革。

（四）加强"双师型"教师的培养

高职院校应高度重视和加快推行"双师型"行业英语教师队伍建设。第一，要努力培养专业教师和英语教师，使他们具备"双师"素质，既具备教师的基本素质，又有职业素质和行业职业技能。第二，从社会积极聘请高水平的兼职教师，优化师资"双师型"结构。例如，从企业引进实践经验丰富的工程师、专业技术人员和能工巧匠到校任兼职教师，还可以聘请科研机构和高校的专家和名师，建立并完善外聘兼职师资信息库，充分发挥专职教师和兼职教师的作用。

（五）搭建各级行业英语教学指导委员会平台

在各级高职高专英语教学指导委员会指导和推动下，高职基础英语改革在过去的几十年中取得了显著的成绩。行业英语作为职业院校刚刚推行的新的教学体系，该如何设计、实施、改革和发展，尚没有成熟的模式可以借鉴，需要各个学校和行业英语教师自行摸索并不断实践。同样，高职行业英语教学也需要国家、省、市行业英语教学指导委员会的指导和帮助。教学指导委员会可以组织各级各类专家指导教学大纲设计、教材编写、课堂实践、课程评估，监督课程的实施，也可以通过组织活动和开展项目为教师提供共同探讨、共同交流行业英语教学的平台，从而促进高职行业英语课程教学的健康发展。

（六）深化校企合作

行业英语特征决定了在行业英语全程教学中都必须实行校企合作，其中包括教师的联合培养。高职院校要主动加强与企业合作，定期安排行业英语教师到企业参观、研修、顶岗工作、挂职锻炼，让行业英语教师深入企业，了解行业发展前沿，体验行业文化内涵。高职院校还应建立激励机制，鼓励行业英语教师融入企业，承担企业科研项目，参与企业技术革新与产品升级；同时，要邀请行业、企业专家和企业一线工程师作为行业英语兼职教师或行业英语教学指导委员会成员，让他们参与课程的设置、教学目标的制订、教学内容的选择、教材编写和课程教学实施等工作，使行业企业最新、最前沿的知识、技术和标准能够融入行业英语教学中。

第六章 产教融合背景下高职专业英语 教学实践创新模式研究

第一节 中国英语教学的特殊背景

20世纪末，我国英语学科教育对教学模式的理解存在着一定的混乱现象。有研究者在统计 1999 至 2003 年间 7 种外语类核心期刊关于大学英语教学模式的文章时，发现"真正属于教学模式层次论文的数量太小，无等计分析意义，故将教学方法的论文一并纳入统计范围"（赵亮，2003）。这一统计默认（因没有具体界定）的前提似乎是教学模式不同于教学方法，但其实际做法却将二者画了等号。这一表象的模糊实质上只是我国外语教学理论纷争的"冰山一角"，以下举出两个影响更为深远的现象。

一、英语教学本质

我国英语教学的学科归属争议已非一日，是有其世界背景的。研究表明，早在 20 世纪 70 年代末和 80 年代初，国内外就开始讨论语言教学与语言学的关系。一部分国外研究者从跨学科的角度对外语教学进行了大量的理论探索，反对将外语教学划归语言学，并在此基础上提出了各种跨学科的语言教育模式，其中，比较有代表性的主要有以下几种。

康贝尔（Campbell，1980）的三因素说：语言学和心理学理论家、教育学实践家、介于二者之间的协调者——应用语言学家和心理学家；斯布尔斯基（B. Spolsky，1978）的三分法：基于语言理论之上的语言描写、语言学习论和语用论；英格拉姆（Ingram，1980）也提出理论家、应用语言学家和老师实践家三分法；勃鲁姆弗脱（Brumfit，1980）的理论含社会学、语言学和心理学；玛基（Mackey，

1970）的五因素说：方法和材料、教师、教学、社会文化环境和学生；斯特雷文斯（Strevens，1976，1977）的12因素说：政策和目的、管理和组织、相关专业训练、语言学习、教师培训、途径、教育和教学、大纲设计、教材建设、学与教成绩的强制因素、学生和评价等；斯顿（Stern，1983）分三个水平：基础（语言学、心理学等理论），教育语言学的理论和研究（学习、语言、教学和环境），教学法（目的、内容、程序、材料、评价和组织计划管理等）。

相对于国外的研究而言，我国英语教学有一种深沉的语言学情结，具体表现为20世纪80年代，一批应用语言学研究者将外语教学归为语言学的分支——应用语言学的范畴。例如，束定芳和庄智象（1996）认为"外语教学属于applied linguistics而不是linguistics applied"。桂诗春（1988）也指出："中国外语教育的发展有赖于我国应用语言学研究的发展。"

当然，对此也不乏反对意见。章兼中和俞红珍（1998）综合国外的理论，结合我国语言教育的实践，提出语言教育的完整体系由宏观的教育政策及其跨学科的基础理论、中观的语言教育理论与应用和微观的语言教育实践三个层面构成（章兼中、俞红珍，1998）。夏纪梅（1999）在论及外语教学的学科属性时提出："不宜把外语教学划归语言学。至少语言学不是外语教学的唯一归属学科，这个结论应当是可以成立的。"这种对语言教学跨学科性质的关注无疑有利于我国外语教学的理论建设与实践发展。

二、英语作为外语与英语作为二语

中国英语教学理论界长期以来把英语作为外国语言（English as Foreign Language，EFL）的教学与英语作为第二语言（English as Second Language，ESL）的教学"混为一谈"，由此产生一种将第二语言教学中的语言习得的传统理论与措施直接应用于我国英语教学的倾向。在赵亮（2003）统计的英语教学论文中，93.6%的英语参考文献和80.7%的汉语参考文献出自外国应用语言学家对二语教学诸因素综合研究的成果——二语学习理论和二语教学理论或实践。

对于这一现象，近年来我国英语教学理论界给予了高度重视，并在系统研究的基础上，对外语和二语的重要特征达成较为一致的看法（见表6-1）。

表6-1　外语和二语对比表

项目	外语	二语
存在空间	学生本国	目标语国家
文化环境	本族文化环境	目标语文化环境

项目	外语	二语
语言环境	本族语环境	目标语环境
远期目的	备用的交际工具	未来生存和发展的必备手段
近期目的	顺利通过考试	满足日常生活需要
当前应用需要	无	必须
日常应用频率	零	每时每刻
教师	本族语人	目标语人

表 6-1 显示，外语教学与二语教学有诸多不同之处。在英语教学理论与实践中，一方面，我们应该借鉴二语习得等 ESL 理论的合理因素，另一方面，应大力建设具有我国特色的 EFL 理论体系，尤其是相对薄弱的高职英语教学理论。

第二节　高职专业英语教学模式的定位

探究我国高职英语专业教学模式必须理顺几种关系，即普通高校本科英语专业与高职英语专业的关系、通用英语与专门用途英语的关系、教学方法与教学模式的关系等。

一、本科英语专业与高职英语专业的关系

与本科英语专业经验成熟相比，我国高职英语专业起步较晚，目前仍处于摸索阶段。随着经济全球化的需要，我国加大了针对一线岗位群的实用型高等人才的培养力度。

在这种背景下，我国高职英语专业大部分在借鉴普通高校本科英语专业经验的基础上，强化了高等职业技术教育为适应一线职业岗位群而提倡的实用性与实践性，即在英语、相关专业 / 专业知识的基础上增设了实训、实操或综合训练部分。我国高职英语专业还有相当长的一段路要走，无论是在理论建设方面还是在实践探索方面均任重道远，因为高职英语专业在生源质量、师资水平、硬件投入、经验积累等方面都与本科英语专业有很大区别。因此，探究高职英语专业建设，必须清楚地认识到高职英语专业建设所面临的困难和特殊性，要在学习本科办学经验的同时坚持走自己的道路。

二、通用英语与专门用途英语的关系

从英语语言教学（English Language Teaching，简称 ELT）体系来看，通用英语（English for General Purposes，EGP 或 General English，GE）与专门用途英语（ESP）是并列的两个分支，如图 6-1 所示。

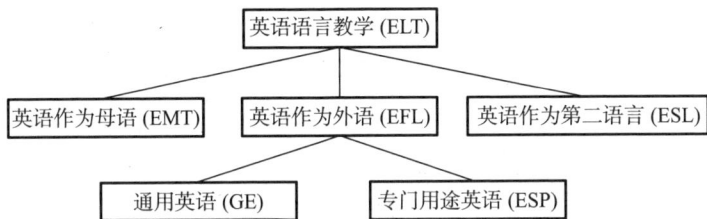

图 6-1　英语语言教学（ELT）树形图

专门用途英语经历了四个发展阶段，即语域分析、话语分析、目标情景分析、技能分析；第五阶段即以学习为中心阶段正在出现。专门用途英语不是教一种"特殊种类"的英语。从教学基本原则上讲，专门用途英语教学与普通英语教学没有本质的区别，但前者在教学内容上与后者有差异，即专门用途英语的教学内容与专业和职业更为相关。章兼中在《国外外语教学法主要流派》一书中综合国内外专门用途英语的理论，认为专门用途英语是指掌习和掌握与某种特定职业（科目或目的相关联的英语）。

如前所述，我国高等职业教育目前仍处于探索期。由于高职院校培养的是技术、生产、管理、服务等领域的高等应用型人才，高职英语的课程教学目的被确定为使学生掌握一定的英语基础知识和技能，具有一定的听、说、读、写、译能力，从而能借助词典阅读和翻译有关英语业务资料，在涉外交际的日常活动和业务活动中进行简单的口头和书面交流，并为今后进一步提高英语的交际能力打下基础。尽管这一界定仍未明确说明对高职英语专业的具体要求，但作为高职教育的重要组成部分，高职英语不可避免地带有高职教育的普遍特性，即与职业岗位群的紧密联系，而这恰好与专门用途英语所涵盖的范围不谋而合。

从专门用途英语的分类看，主要存在着两种分法：依据学科门类划分的三分法与依据学生最终使用语言的目的划分的两分法。根据哈钦森（Hutchinson）和沃特斯（Waters）的观点，专门用途英语可分为科技英语（English for Science and Technology，EST）、商务英语（English for Business and Economics，EBE）和社科英语（English for Social Science，ESS）。每个分支又可分为职业英语（English for Occupational Purposes，EOP）和学术英语（English for Academic Purposes，EAP）。乔丹（Jordan）则将专门用途英语分为职业英语和学术英语两大类，而学术英语又可分为专门学术英语（English for Specific Academic Purposes，ESAP）和一般学术英语（English for General Academic Purposes，EGAP），如图6-2所示。

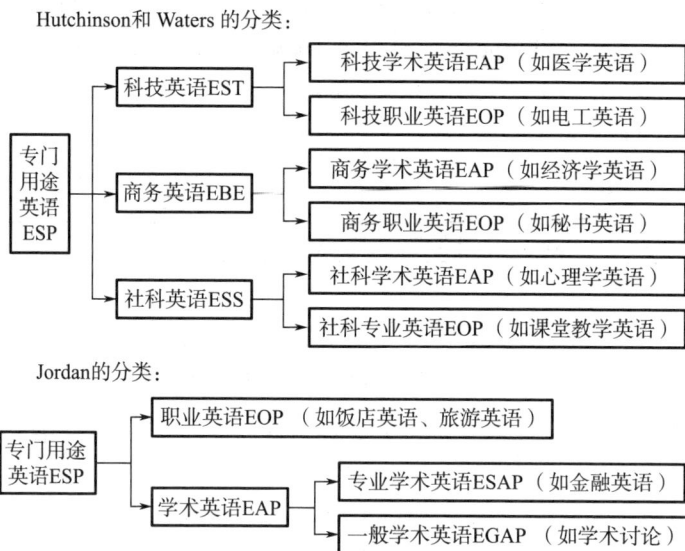

Hutchinson和Waters的分类：

```
                    ┌──────────────────────┐  → 科技学术英语EAP（如医学英语）
              科技英语EST
                    └──────────────────────┘  → 科技职业英语EOP（如电工英语）
 专门
 用途         ┌──────────────────────┐  → 商务学术英语EAP（如经济学英语）
 英语   商务英语EBE
 ESP          └──────────────────────┘  → 商务职业英语EOP（如秘书英语）
              ┌──────────────────────┐  → 社科学术英语EAP（如心理学英语）
              社科英语ESS
                    └──────────────────────┘  → 社科专业英语EOP（如课堂教学英语）
```

Jordan的分类：

```
                    → 职业英语EOP（如饭店英语、旅游英语）
 专门用途
 英语ESP
                    → 学术英语EAP  → 专业学术英语ESAP（如金融英语）
                                  → 一般学术英语EGAP（如学术讨论）
```

图6-2　ESP两种分类法示意图

值得注意的是，2004年底，教育部颁布了《全国高职指导性专业目录（试行）》（以下简称《目录》），对我国高职英语类专业的规范和发展起重大的指导作用。在《目录》中，高职英语类专业被全部划归商务英语、旅游英语、应用英语、英语教育四类之下。如果比照上述专门用途英语分类体系，《目录》使用这一分类方法，从侧面证明了高职英语专业的专门用途英语属性。

三、教学方法与教学模式的关系

在前面提及的赵亮关于大学英语教学模式的统计中，教学模式似乎与教学方法有区别，但他并未明确指出，而是在统计中采用了教学模式这样笼统的表述，这对于理论建设无疑是一大缺憾，因为基础术语的不扎实可能会导致立于其上的理论大厦的倾覆。在此，笔者认为国内外关于教学模式与教学方法关系的一些文献可资借鉴。例如，理查兹（Richards）和罗杰斯（Rodgers）在区分"approach"和"method"时，借用了安东尼（Anthony）关于"approach""method"和"technique"的层次分析，指出："An approach is axiomatic. A method is procedural. A technique is implementational."。这一分类法为辨析教学模式和教学方法提供了重要的启示，即教学模式与教学方法是否可以作为一个体系中的两个层次来理解。

研究表明，这一设想不仅可能，而且对于明晰这两个常用术语有着重要的指导意义。

查有梁在其《教育建模》中以系统论方法阐述了在教育领域运用模式研究方法的必要性、可行性、基本原理以及具体办法等方面，进而提出了较为完整的教育建模方法论。他提出："按照大教育观，教育是一个大体系。因此，从大到小，可以从宏观、中观、微观三个层次研究教育模式：宏观上，研究教育事业的发展战略模式；中观上，研究教育系统管理模式（即办学模式）；微观上，研究各级教育教学过程模式。"这一提议为笔者研究高职英语教学模式指明了方向。

循着这一线索，不难发现，已有学者在英语教学模式研究方面树立了很好的典范。王才仁指出："英语教学是一个有组织、有计划、有理论、有检测的科学研究过程，其教学模式可分为三个层次的模式：一为宏观模式或语言教学模式，即英语教学过程模式；二为中观模式，即大纲设计层次模式，如'Comprehension Based Approach Natural Approach''Process Based Approach'；三为微观模式，即课堂教学模式，如'Plenary Approach''Interactive Approach''Compromise Approach'。"

在上述理论成果的基础上，结合高职英语教育的实际情况，笔者将高职英语专业教学模式界定为由一定数量的子模式群体，分层次构建的一个开放式、发展性的体系，它以一种简化的方式反映高职英语专业建设的方方面面，其中既包含教学各要素及其关系，又体现教学各阶段、各过程的特点。它是高职英语专业人才培养的一种综合模式，又可具体分为宏观的能力结构子模式、中观的教学过程子模式群和微观的课堂教学子模式群（即课堂教学方法）。

第三节　高职专业英语 ESP 教学模式改革

当前，随着国家社会经济的不断发展，国家对职业教育的发展越来越重视，出台了《国家职业教育改革实施方案》等一系列重要文件，有力推动了高职院校办学模式、人才培养模式和教学模式的改革和发展。高职英语教学也应该紧跟新时代发展的步伐，分析、梳理英语教学中存在的各种问题，深化教学改革，更新教学模式，改进教学方法，切实解决英语教学活动中存在的问题，以求达到高职英语教学的最优化。高职英语教学要为企业和岗位服务，培养学生在未来职业岗位的涉外场合使用英语进行语言沟通交际或实务操作的能力。要通过英语技能的培养使学生更好地发挥专业技能，真正体现学有所用、学以致用的宗旨。ESP 方法实际上就是一个专业与英语有机结合的方法体系，体现了高职教育改革的方向，是指导构建新的高职英语教学体系、显著提高高职英语教学成效的重要方法。该方法强调：要根据学生的专业方向、职业类别和岗位中英语的使用要求，对学生英语听、说、读、写、译各项能力进行针对性的训练和培养；要从实用出发，摒弃复杂的语言理论知识，结合专业需求培养学生英语交际能力；要根据人才培养目标和业务范围，使学生知识、能力和素质协调发展，实现共同提高。本节主要针对高职英语教学存在的问题，基于 ESP 教学理论开展高职英语教学改革，就高职英语教学目标、英语教材、课堂教学、实训组织、考核方式、师资培养等方面的问题进行论述。

一、基于需求分析确立高职英语教学目标

高职英语课程的开设和教学实施，必须以 ESP 需求分析理论为基础和指导，对高职学生的目标需求和学习需求进行分析，确定高职英语教学目标、教学重点内容，为学生在目标情境中进行有效的职业英语能力的培养做准备。目标情境需求的分析本质上就是针对目标情境问题，挖掘出学习过程中不同学生对目标情境的要求。

（一）目标情境对知识与技能的要求

目标情境所需要的知识与技能是学生将来用英语在特定目标情境开展工作的客观需求，也就是学生未来在目标情境中成功运用语言开展交际交流所必备的语言知识和技能。以国际商务专业为例，要想在国际商务领域有效地开展工作，学生必须掌握英语语言基础知识和进行商务洽谈、书写商务函电与合同等相关的英语词汇，以及在这种情境中常用的语体、语篇结构等，具有电子制单、互联网交易的能力，能用英语进行国际商务谈判，能从事涉外商务管理与服务、对外贸易和市场营销等。

（二）学生语言知识技能与在目标情境中要求的差距

学生当前的语言知识和技能与目标情境中所需的语言知识与技能相比存在一定差距，这个差距就是学生欠缺的知识与技能，也是学生要学习的主要内容。因此，要根据学生的原有知识能力基础水平和未来职业岗位对学生的英语能力的要求来设计课程，有利于科学地设定教学目标，准确把握学习材料的难易程度，开发出适合学生的教材。

（三）学生自身的英语学习需要

学生对自身学习需求的看法非常重要。学生的学习目的、学习经历、对英语的态度等主观因素也会影响英语教学。学生自身的学习需要有时会与目标情境的需要相冲突。因此，教师在设计课程时，要始终以学生为中心，重视学生自身的需要，调整优化相关教学内容，从而满足学生的学习需要，激发学生的学习动机和兴趣。

高职英语教师要充分考虑学生的需要，掌握学生的语言基础和能力水平，了解学生的兴趣爱好和学习愿望；还要了解行业企业和市场对人才规格和能力素质的要求，让学生学习和掌握将来在目标岗位必然遇到的交际情景、岗位环境和应具备的知识与技能。高职英语教学目标的设定要坚持"实用为主、够用为度"的原则；教师要根据学生英语基础比较薄弱的现状，在英语教学中贯穿必要的语言基础知识教学，并将英语能力培养目标具体化；要以岗位所需英语能力为基本目标，培养学生在涉外相关工作中的英语听、说、读、写、译综合技能和应用英语独立完成目标岗位工作的能力。

二、基于专业大类选择和编写高职 ESP 教材

教材与教育思想、学习理论、教学原则、教学内容、教学方法和教学实施密切相关，是各种教学理论、教学方法和教学手段的具体体现。教学也是教与学的重要资源和载体，决定了教与学的基本方法，在教学中起关键作用。随着现代科技的飞速发展，学生对学习材料呈现多样性的需求，高职教育的教材形式也变得丰富多彩。为了满足学生的学习需求，激发学生的学习兴趣和学习热情，高职英语的教材选择和开发应当根据岗位对学生英语能力的要求，重点加强对学生英语听力和口语教学的训练，增强英语作为交流工具的实用性；同时，应协调好基础英语教材和行业英语教材之间的衔接性，确保学生英语听、说、读、写、译五大技能和行业英语能力的综合培养。

（一）根据专业大类和岗位群选择相应的英语教材

英语与专业相结合是指把英语语言知识和技能（如词汇、语法、听说训练）与学生所学的专业或专业群结合起来，突出英语语言工具为专业服务的功能。高职英语教材应以实用为原则，把真正反映岗位群需求的英语知识和技能传授给学生，为学生进入工作岗位、胜任岗位能力要求特别是对英语应用能力的要求做好准备。

1. 按学生专业群选择英语教材

教材作为学习输入的重要教学资源，是 ESP 教学成功实施的关键和决定因素。以需求分析为基础来选择英语教材可以克服 ESP 教材选用中存在的随意性和盲目性。对符合需求的教材，我们还需进一步分析确认其是否在目标方面符合真实的交际需求，在教学内容方面是否具有真实的交际内容，在练习训练方面是否提供真实的交际环境和真实的交际任务。根据需求分析理论和真实性的原则，高职英语必须体现各个专业不同的教学培养目标和教学要求，高职英语教师必须围绕高职生在未来实际工作中面临的英语涉外业务和活动进行教学。高职英语教师应当结合学生专业或专业群选择教材，考虑不同专业群的特色和岗位特点，侧重从各自的职业岗位中选取典型工作任务确定教学内容，如旅游专业毕业生会经常用到的日常交际用语、景区介绍，轨道交通专业常见的技术说明书、管理规程、维修指南、客运英语会话，使学生在毕业前具备该岗位或岗位群所需的英语能力。

把学习对象和课题与推动一个有目的的活动联系起来，乃是教育上真正的兴趣理论的最重要定论。根据专业群选择和开发高职英语教材，贯彻实用为主的教学原则，能提高教学内容的针对性，避免浪费教学资源，提高教学效率。同时，按专业群选择和开发教材充分体现了高职公共英语教学对专业化发展的重视，能够让学生体会到英语学习与岗位就业的相关性，激发学生学习英语的兴趣。

2. 依据岗位职业能力要求开发课程教学模块

职业性和应用性是高职教育的标志和特征，高职英语教师要根据社会对其所教专业或专业群的英语运用能力的实际需求，有选择地使用英语教材，对学生的英语职业能力进行培养。

课程内容的更新整合与新课程的开发，需要紧密结合社会经济技术的发展，对应不同教育对象的教学目标进行。课程结构就是课程的组织与流程，反映教学的框架与进程。例如，负责轨道交通行业英语教学工作的教师，要根据该专业的培养目标与基本要求设置课程，力求从轨道交通英语方面提高学生的英语水平，并根据轨道交通专业群的特点，将英语课程设计为两个模块：基础英语模块和轨道交通行业英语模块。基础英语模块的主要目标是使学生打好英语语言基础，培养综合素质。教师可以选择《新起点大学英语》和《新视野英语教程》，教学内容贴近学生生活，内容丰富，难度适中，学习结束后学生参加高校英语应用能力考试。轨道交通行业英语模块的主要目标是培养学生的综合职业素养和提高学生在轨道交通行业领域应用英语交际的能力和职业技能，教师可选用《职业综合英语》和《轨道交通行业英语》。

（二）教师、学生和企业工程师共同参与教材编写

为了更好地体现高职教育人才培养的实践性和针对性特点，高职英语教师可以参照专业课程开发的方法，用企业调研和职业岗位能力分析的形式，确定专业岗位所需的英语知识结构和应用能力要求，并以此为依据编写具有本校特色的高职英语教材和配套学材料。自编校本教材要力求体现专业要求，适合学生的英语水平和学习需求。高职英语教师应在征求专业课骨干教师、行业专家和已毕业学生意见的基础上，综合考虑职业岗位需要，确定有关专业或专业群的行业英语的教学内容、学习深度、知识范围等，应根据专业课程的特点编写 ESP 教材，删除深奥的理论教学，增加专业目标岗位群中的通用英语知识和技能训练，增加行业企业发展历史和发展趋势相关内容，使学生了解行业发展前景，拓展学习视野。

为了开发行业英语教材，高职英语教师要加强对专业知识的学习，阅读普及性的专业书籍（如专业概论），并借阅学生的专业教材与笔记，整体了解学生的专业学习情况；同时，要向专业教师和相关行业专家咨询，了解从事相关行业岗位工作必须掌握的知识和应具备的能力，向他们征求对学生 ESP 课程学习的目标、内容等方面的意见。要加强与毕业学生的沟通和联系，及时了解他们在工作中使用英语知识的情况，要关注相关职业岗位招聘信息，用相关的人才招聘在外语素质能力上的要求指导 ESP 教学内容的选择。不仅如此，高职英语教师要紧密结合市场发展形势，深入实践一线，收集教学素材，编写切合市场实际、符合岗位能力需求的实用性 ESP 教材。

现在高职院校普遍实行了"教师下企业"和聘任企业工程师到高职院校兼职兼课的制度。这种产教融合的办学模式进一步促进了企业和学校的交流与合作，也促进了校企合作编写教材的完善和发展。

1. 企业专家参与教材编写

行业英语教材编写需要学校英语教师和企业专家的合作。学校可以聘请企业技术强、管理水平高、英语能力突出的相关专业人员参与编写英语教材，可将与专业岗位工作流程紧密相关的各种题材的语篇，目标岗位常用的一些说明书、技术合同、技术图纸，还有企业自编的一些专业词汇表等充实到行业英语教材中。编者要根据行业企业的发展情况、产业结构和产品结构的调整等变化及时对行业英语教学内容进行增补、更新和完善，提出合理的修改意见，明确学生必须掌握的英语技能，删除与生产实际不符合的内容，增补紧密联系实际的先进的知识和技术，使教学内容能与时俱进，得到及时更新，确保学生能学到最新、最实用的知识和技能，从而更好地适应未来岗位的工作需要。

2. 学生共同参与校本教材的建设

ESP 校本教材的开发与应用需要学生的积极参与。这不仅能充分调动学生学习 ESP 课程的积极性，而且能调动学生的自主性，激发学生的创造性，提高学生的责任心，从而使 ESP 教学更具针对性和实用性。教师要带领学生进行社会需求和职业岗位调研，分析岗位工作所需的专项应用能力；同时，要积极鼓励学生参与 ESP 校本教材大纲的确定、教学内容的筛选、校本素材的搜集整理与加工、校本教材的应用与考核等。校本 ESP 教材的开发和建设需要英语教师团队、学生群体、学校资源和校外行业资源之间开展全方位的合作。首先，可以让学生从专业课程学习、企业实习、媒体网络或其他途径搜集有关 ESP 方面的资料，尤其是已毕业学生在工作中应用到的产品及技术方面的英语素材，参与讨论并汇总本专业 ESP 学习的范围与内容。然后在综合多方信息的基础上，师生共同讨论，确定 ESP 教材的内容范围以及这些内容在教材中的具体顺序安排；同时，要充分应用现代信息技术的强大功能，建立网络互动平台，开设电子公告栏，让其他专业教师、往届毕业生、行业从业人员等共同参与编写教材。

组织带领学生搜集、整理、编辑 ESP 教材内容的过程，也是英语教师提高专业业务能力的有效途径。ESP 教材的使用过程，是一个需要不断改进、补充和完善的过程。在开展 ESP 教学过程中，英语教师要及时搜集、补充、更新教学素材，替换一些相对落后的教学内容，使教材的建设处于动态的完善更新过程。

三、以学生为中心，有效实施 ESP 教学

ESP 教学的目标非常明确，就是对学生进行行业、专业相关的英语语言知识和技能的教学和训练。教师在教学过程中要尽可能地为学生创造更多的机会参与以英语为媒介的课堂活动，有效训练和提升学生的 ESP 交际能力；强调运用以学生为中心的真实任务和活动来实施课堂教学，要求不仅体现在阅读技能的训练上，还体现在听、说等其他几种技能的训练上，从而培养学生的实际交际能力、团体合作能力和口语能力。教师应针对岗位要求，引导学生学会学习，为学生思维能力、表达能力、应变能力、创新能力和科研能力的培养提供良好的机会。课堂教学要以学生为中心，积极为学生创设有效的学习环境和氛围，调动学生学习的自主性、创新性和积极性，加强对学生学习的指导与帮助。

在高职 ESP 课堂教学中，应着重注意以下几点。

（一）以学生为中心，充分运用情景式教学

作为教学主要形式的课堂教学，教学效果的好坏会直接影响学生对语言的习

得。基于学生需求的 ESP 教学目标决定了 ESP 教学必须以学生为中心。教师要设计丰富多彩的课堂教学活动，根据不同的课程需求、不同学生的语言水平设计灵活多样的课堂学习任务，让学生自主学习，提高学生自主学习能力和团队合作能力。教师可以根据教学内容创设特定的场景，让学生通过看、听、说和角色扮演，再现课文所描绘的情景，使学生仿佛置身其中，充分发挥自己的想象力，提高训练效果，提高运用语言知识和获得语感的能力。这种方法使课堂成为双向交流与互动的实践场所，可以极大地提高学生的学习兴趣。案例分析、项目研究、角色扮演、情景模拟和小组讨论等方法均对 ESP 教学非常有效。例如，不少高职旅游英语口语对话是在入住宾馆、饭店进餐、景点讲解等特定场合下发生的。教师在教学中可以通过模拟导游活动中的实际情景，如接待客人的时候如何致欢迎辞、如何办理酒店入住手续、如何向客人说明行程安排，让学生掌握一般旅游活动中的基本流程和基本技能。通过会话训练、阅读训练和翻译训练等模拟强化，学生能够承担一般旅游活动中的英语交流、材料翻译、旅游景点英语讲解等岗位工作。

（二）应用现代化信息技术，创设虚拟语言学习环境

高职英语课堂教学涉及的知识面广、内容多，而教学课时数又非常有限，教师很难在有限的教学时间内讲透教学重点、难点，更不用说进一步扩大学生的知识面。因此，要提高课堂教学信息容量、提升课堂教学效果，就必须借助先进的多媒体教学技术，设计高效的高职英语教学过程。现代计算机技术的发展为此提供了先进的教学设备和素材。多媒体教学信息量大，教师可以通过图片、文字、音频和视频的演示，以及超级链接各种相关资料，使学生在课堂教学的有限时间内接受大量的信息，扩大学生的知识面。对于一些复杂的内容，教师可以通过收集有关的插图、图表、案例、视频等插入教学课件，使问题变得直观简单。

多媒体手段的应用有利于激发学生的学习兴趣，提高学生的听、说、读、写、译能力。想要培养学生的语言交际能力，首先要有大量真实语言材料的输入，再通过反复操练和实际运用，才能逐渐转化成学生内在的语言能力。英语教学中听、说、读、写、译技能的培养，离不开大量的语言输入和一定强度的技能训练。教师可以设计模拟教学软件，创设学生目标岗位的实际环境，在多媒体上模拟实际工作环境中的操作情景，使学生直观地了解岗位环境中英语的运用，把理论教学和实践教学有机地融合在一起，让学生在电脑上直接实现人机交互，完成一次能力的真实体验和训练。教师可以利用先进的多媒体技术，让学生模拟实习各种商务活动，从而熟练地掌握导游解说技巧，达到良好的教学效果。教师还可以利用多媒体教学给学生播放国外旅游的导游过程，让学生翻译一些简单的句子，通过

听说练习大大提高学生的学习热情。

课外语言训练也是提高学生英语应用能力的重要途径。学生可以课后在语音实验室里利用全数字英语学习系统自主进行听力练习、句型操练、口语训练、情景模拟、语言游戏等，进一步拓展学习空间。通过课后自主训练，学生的语言应用能力得到了提升，学生也更乐于参与课堂交际活动。此外，网络也是一个重要的途径，它不仅可以提供最新的高职教学信息资源，还可以建立英语聊天室，学生在感兴趣的网络虚拟环境中进行英语交流，利于提高自身的专业知识水平和英语运用能力。高职院校可以搭建平台，用网络将学生、教师和企业联系在一起，实现英语教学的全方位、立体化，为学生获取学习资料、参与社会实践、提高语言能力和促进就业提供空间和舞台。

（三）优化 ESP 课堂教学组织，提高课堂教学效果

高职基础教学与行业英语教学是英语教学的两个阶段，但二者是前后联系、相互融合的。因此，英语教师在教学中要有意识地加强基础英语教学与行业英语教学的衔接和融合，根据行业特点和就业岗位需要，指导学生不断优化学习方法，并在实践中提高发现问题、分析问题、解决问题的能力，从被动地接受单纯的理论知识转变为主动运用理论知识和学习方法来提升学习效率，从而提高英语应用能力。例如，在一些句型练习中注意使用专业名词，在选择课外阅读材料时，可以有意识地选用一些内容浅显、实用和具有代表性的专业文献，让学生自己上网查找一些行业术语词汇，学习接触和理解专业文献。在教学场景、话题、道具等的选择上，教师要尽量往专业方向靠拢，培养学生在专业岗位环境下使用语言的氛围。在讲授句子长、结构复杂的专业英语时，教师可按基础英语的分析模式进行分析，简化句子结构，讲解专业术语。比如，教旅游英语时，为了提高学生的学习兴趣，教师可以采用基础英语教学的听说训练方法，从简单的介绍学院建筑、风景练起，在一些句型结构的帮助下，让学生用英语简单地描述，再逐步加大句型的难度和词汇的广度。在学习与导游相关的英文后，教师可以让学生在校内担任现场导游，讲解学校建筑和文化场所，如此，学生能迅速地进入角色，把具体的景物与英语词汇、句型联系起来记忆，印象会更加深刻，从而提高教学效果。

四、加强校内外实训，提高学生英语实践运用能力

研究表明，语言能力只有通过语言行为才能得到强化和保持。如果人的语言能力仅停留在认知的水平上，是很容易遗忘的。因此，学生要不断使用学过的语言，并应用到新的语境中，还要根据自己的需要创造出新的话语。这是英语实践运用

能力提高的必经之路，也是高职英语教学改革的途径和方法。

高职教育要突出应用教学特色，强调专业教学要进行实践训练，组织学生经常进行技能训练，到现场实施教学，提高学生的实践动手能力。根据《高职高专教育英语课程教学基本要求》的目标，高职英语教学，特别是其中的行业英语教学，应当改变"重理论、轻实践"的倾向，要将校内实训教学与校外实训有机结合起来。

（一）加强校内实训

高职院校校内实训中心的建设应按照企业实际生产情况设计和布置，配备符合培养目标要求的设备和设施，并按照企业管理模式进行运作，使学生在实训过程中体验企业工作环境，基于工作过程培养工作技能。在有条件的情况下，学校应该做到紧跟科学技术及经济建设的发展，配备教学实训的相关软件和硬件。这样既可以让学生接触最前沿的技术和技能，也为学生提供更多的实践锻炼机会，又可以利用实训基地进行科研开发和生产加工项目。高职院校可以结合专业特点组织学生进行模拟业务交际，如日常涉外各项活动、一般涉外公司业务、专业资料阅读和翻译、实用英语写作，通过各种实践活动提高学生的英语应用能力。例如，对于轨道交通专业的学生，可以利用学校高铁综合实训基地和铁路教育馆等实训场所，模拟开展车站、列车等工作场景的工作过程语言训练，提高轨道交通行业英语的实际应用能力。此外，校园里的模拟上岗训练和真正的企业工作有着很大的不同，要注意训练前的筹备和训练后的总结工作，还应增加适当的奖惩措施，引导学生真正地投身其中，认真地准备和学习，多思考、多模拟，而不是流于形式、走过场。比如，旅游专业可以创办"模拟旅行社"作为学生的实践教学基地，根据岗位需要安排练习内容，培养学生在实际工作中的英语应用能力。

旅游服务是旅游英语口语训练的主要内容，教师要围绕介绍旅游景点、外宾酒店入住服务等与外国游客密切相关的旅游服务工作过程进行，帮助学生了解旅游专业中的英语语言习惯，培养学生在旅游服务行业中综合运用英语语言的能力，引导学生把专业理论知识和实际英语语言运用相结合，突出该课程的交叉性与复合性，培养学生达到用英语熟练提供旅游服务和管理的目标。

此外，开展丰富多样的英语第二课堂，也是学生校内实践、提高英语应用能力的重要途径。课堂上学习英语的时间有限，教师应充分利用课余时间，开展丰富多彩的课外实践活动，创造应用英语的实际环境，营造校园的英语氛围，让学生经常想起和接触英语，感受到学习英语的重要性，产生学习英语的愿望，体验学习英语的乐趣，如此，他们学习英语时会更有动力。课外活动的内容和形式可以多种多样，如专题文化讲座、英语晚会、英语歌曲比赛、英语演讲比赛、英语翻译大赛、英语专题讨论会、英语角、英语海报或广告制作比赛、英语电影赏析、英语电台广播，鼓励学生学以致用，调动学生参与的积极性。这些活动可以优化校园语言环境，激发学生学习英语的热情。每次组织活动前，教师都要充分规划，以期达到预期的效果。例如，每次开展英语角活动前要事先拟定好主题，便于英语水平不同的学生选择和准备，使活动更有针对性，效果更加明显；增设校园广播的英语节目，内容可以是英文美文、新闻听力、英语学习方法和心得体会以及英语演讲稿等，要安排好播放时间，让尽可能多的学生参与收听和交流，从而达到最好的效果。

（二）开拓校外实训

由于学校条件的限制，很多高职院校学生的英语实践训练时间和质量往往得不到保证，在一定程度上会影响英语应用能力的提高。如果学生能在企业中进行实战性的训练，教学效果一定会得到显著提高。高职教育要求学生具备较强的运用技术能力和应用理论解决实际问题的能力，这些能力的培养必须借助一定的工具器械和工作场地才能实现。企业有生产设备和环境方面的天然优势，可为学生提供广阔的生产实习天地，学生有更多的机会接触产品说明、工作流程等方面的英语资料，能够获得大量难得的实践操作机会。因此，高职院校应大力加强与当地企业的合作，努力建设校外实习基地，强化英语技能培养，确保学生有足够多的实习机会。

高职院校在建设行业英语实习基地时应当考虑专业的特殊性，尽可能多地在本地中小企业建立实习基地，解决该专业的实习基地难题；必须加大宣传和合作力度，完善实习制度，合理灵活地安排实习时间，吸引众多中小企业与高职院校合作；还可以同与本校专业相关的、具有一定外事业务的企事业单位签订人才培养协议，建立校外实训基地。实训基地需要校企双方共同管理，校企合作完成教学计划，合理设置高职英语教学实训课时，由教师带领学生到企业实地参观，参与企业岗位培训，到实际工作岗位去实践和使用英语。英语口语只有在生活工作进行交际时才能得到有效训练和进步，学生如果能跟随企业的工作人员随机旁听、实地操练，将会取得更大的收获。例如，旅游专业可以组织学生到相关的涉外旅游企业，特别是一些星级酒店、旅行社等机构进行实习，通过在前台、餐饮、客房和导游等部门的实际工作，提高学生行业英语水平的实际应用能力。

教师要根据企业岗位能力的要求，结合教学内容，安排学生进行一定的岗位阶段性实习；要通过了解企业对专业学生的英语要求，带领学生深入企业，了解企业工作岗位的环境，把所学的英语知识运用到实践中，使学生亲身感受工作环境，实践语言知识和工作要求，并且全面了解和掌握岗位工作流程。实习结束后，教师要让学生反思实习过程中的经验和教训，充实到语言学习中。通过实训，学生能够在实践中主动寻求未来岗位对英语知识能力的需求，进而激发学生学习英语的积极性，增强学生的社会适应能力和岗位工作能力，提高学生的就业竞争力。高职英语课堂教学只是高职教育教学的一个场所，高职院校学生只有走出教室，走进生产车间，走向社会，应用理论知识，才能更好地适应未来的工作。

五、建立科学合理的考核与评价体系

高职英语教学效果和教学质量的高低不能只以学生考试分数的高低来衡量，还要从学生在职场中灵活应用英语的能力、学生在就业中的适应性和社会以及企业对高职毕业生英语应用能力的认可程度等方面来全面考核评价。因此，高职英语考核方式应突出学生英语知识和技能的应用能力，对高职学生英语学习成绩的考核要从单一的卷面测试逐步转向应用能力的全面评价上来。高职院校应实行多元化英语应用能力考评办法，打破传统的以笔试定成绩为主的应试教育评价模式，强化形成性考核，加强对学习过程的监控和管理，重视听、说、读、写、译技能的综合考评，使学生更加注重语言应用能力的培养，摆脱应试学习模式。英语课程评价可以采用教师评价、学生自评、学生互评以及企业评价等多元评价方式，提高教学评价的科学性和全面性；也可以采用多种考核形式，如英语项目设计、综合实训形式、技能考核，全面考核学生的综合素质，这样可以真实地反映出每一名学生掌握技能的水平和学习效果，推动教学质量的不断提高。具体而言，高职英语教学考核评价应重点从以下三个方面展开。

（一）针对英语基础知识和应用能力进行考核

目前，高职院校英语课程考核的主要形式是期末闭卷考试。除了期末考试卷面成绩外，教师应在日常教学中从多角度加强对学生的过程性考核。平时成绩一般包括学生出勤、课堂表现、平时作业、课堂测验等。在当前职业教育大力推进改革、提高学生实践能力和综合素质的背景下，对学生的过程性考核要进一步细化落实。一是增加综合实践项目考核。可以在平时增加对学生综合实践项目的训练和考核，通过综合实践项目考核评价，训练和提高学生的听、说、读、写、译综合能力。二是增加学生在线学习的考核。随着信息技术在高职教育中的广泛应用，高职英语在线开放课程、英语学习平台、英语学习资源库的建设显著加快，已成为英语教学的重要部分。因此，加强对学生在线学习和自主学习的跟踪和考核评价是提升英语网络教学资源使用效率、提高英语教学质量的重要举措。三是加强对学生综合素质的考核评价。高职英语教学在落实课程思政育人功能的过程中，需要加强对学生综合素质的考核评价，从而推动学生语言能力、思想道德修养和人文素质的共同提高。综合素质考核评价的内容包括学习态度、价值观的养成、家国情怀、敬业精神等在学习过程中培养和发展的情况等。

高职英语的考核模式应更为多样，除了上述提到的基础知识能力和素质考核外，还应加强对学生学习过程中英语各项应用能力的了解和考核，根据教学进程，不定期地进行专项能力考试，采用朗读、对话、表演、口译、讨论、竞赛等形式，灵活地穿插在课堂教学过程中，随时记分。例如，可以在每次开始上课时安排 10 ~ 15 分钟的听力测试，教师给学生播放一段短文或者对话听力测试，学生完成相应的填空或选择题，利用语言学习系统将成绩统计出来，期末时再计算出每人的学期听力平均成绩，按一定比例纳入考核总分。英语口语考核也可以分成两部分：课堂随堂测试和期末口试。课堂随堂测试内容包括回答问题、参与课堂讨论、发表个人观点、朗诵英语段落等。阅读考核除了课本上的内容外，还可以给学生增加一些题材广泛、具有知识性和趣味性的文章作为泛读材料。写作考核主要以平时作业的形式进行，教师可以根据课堂教学内容或课外精选的主题让学生进行写作练习，教师批改评定；还可以鼓励学生课后自愿增加写作训练，如上交英语周记、英语海报，制作个人简历、广告，教师根据学生练习情况酌情给予加分。教师应建立学生平时考核评价档案，由教师核查、存档，作为本门课程平时考核的一部分依据。另外，学生参加的各项校内外英语竞赛，也应该按成绩、分档次记入教学考评，作为期末考核总评的一部分。

（二）依据专业和岗位能力需求进行针对性考核

在开展高职英语考核评价时，教师要根据学生专业和未来岗位对英语听、说、读、写、译能力的不同要求，有针对性地调整对各项英语应用能力的考核标准，重点考核该岗位所需的英语技能。教师应该经常结合专业特色和岗位需求进行一些专项训练，如产品说明书、业务信函、设备操作流程说明、工作场景模拟、角色扮演，全面地考核学生的英语综合应用能力。教师还可以与专业教师或企业专家合作建设 ESP 测试试题库，随机抽题并按照模拟操作的模式要求对学生进行考核，将学、用、考三者紧密地结合起来，充分体现高职 ESP 教学的应用性要求。教师要根据考核情况指导学生及时调整学习方法，训练尚未掌握的技能，同时据此对英语教学进行相应的调整和改进。

在学生实训过程中，企业和学校对学生英语技能和实际操作中的表现要做出多方面的评价，教师在学期总评时，要将其按一定比例归入学生英语应用能力考核成绩。教师可以根据企业岗位的英语能力要求组织考试，对学生进行考核，突出实用性，帮助学生更好地发现自身的不足。教师要指导学生提高在职场环境中灵活运用英语的能力，增强通过自主学习或团队合作解决岗位中实际作业问题的能力，提高学生的就业竞争力。这种校企共同参与学生英语应用实践能力培养和考核评价的办法，体现了 ESP 理论指导下高职英语教学定向性、实践性和针对性的特征。

（三）结合英语等级证书和英语技能证书进行考核

高职英语课程的教学目标是重点培养学生的英语实际运用能力。因此，教师和学生必须适应市场需求，以就业为导向，按照实用、够用的教学原则，正确处理好等级考试与英语技能培养之间的关系，更好地发挥英语等级考试的作用。高职院校普遍把英语应用能力考试 A 级或 B 级作为主要考核标准。英语应用能力等级证书是反映高职学生英语知识水平和语言应用能力技能的重要评价形式。学生如能通过课程学习取得英语等级证书，便证明其英语能力达到社会对高职学生的基本要求。各个行业的职业英语技能证书具有行业的独特性和权威性，是对高职学生职业技能和职业能力的鉴定性考试。学生如果在就业前取得职业英语技能证书，其就业竞争力也会大大提升。因此，高职英语教学中，教师应鼓励学生参加与所学专业相关的职业英语技能考试并努力考取证书，如剑桥商务英语等级证书。

六、深化产教融合，加强师资队伍建设

国家社会经济的不断发展推动了高职教育不断改革和人才培养模式持续创新，也对高职教师的素质和能力提出了越来越高的要求。因此，高职教师要不断学习才能适应社会的快速发展和高职教育的改革。高职院校应建立一个个性化、终身化的教师培养体系，对英语教师进行教学理念、教学改革、教学内容、教学方法和行业英语等方面的全面培训，结合各个专业特点，开展个性化培训，促进每位教师的专业成长，从根本上提高教师的教学能力和教学水平。只有教师的教学理念、教学方法等得到转变，才能够提高课堂教学质量。高职英语教师既要能够给学生熟练讲授英语基础知识、培养语言技能，还要学习相关专业知识，以适应行业英语课程改革的需要。只有一专多能的教师，才能培养出一专多能的学生，才能保证教学目标的顺利实现和教学质量的不断提高。目前，高职院校真正的"双师型"英语教师非常匮乏，加强引进和培养非常必要且刻不容缓。

（一）大力培养"双师型"英语教师

优化教师素质结构是提升教师能力、推进教学改革的关键。"双师型"高职英语教师应该是英语教师和专业教师的统一体。要成为"双师型"教师，高职英语教师首先要"工学结合"，主动学习和掌握专业知识，积累一定的专业实践

经验，才能让学生学到真正的行业英语知识和技能。这就要求英语教师要深入生产第一线，熟悉某一专业的生产现场和工作流程，提高自身的专业实践技能，以适应高素质技术技能人才培养对教师的要求。高职英语教学部门不仅要充分依靠自己的力量，利用各方资源，加强对现有英语教师的培训，逐步建立起一支适应复合型人才培养要求的师资队伍，还要选拔一批语言基本功扎实、工作认真负责的英语骨干教师，派去参加进修学习，到各个专业跟班听课，鼓励他们考取相关职业资格证书等，提高行业英语教师的"双师"素质，培养一批具有一定专业知识的英语教师。高职英语教学部门可以通过多层次的培训使英语教师及时更新知识、提升专业水平、增强业务能力。例如，经贸行业英语教师通过培训后可以教授外经贸英语函电、外经贸应用文写作、外经贸业务洽谈等课程，并通过网络等途径收集各种教学资源，编写和优化课程讲义，丰富教学内容，不断提高教学质量。

校企合作共建"双师"基地是培养高职教师实践能力和双师素质的重要途径。高职院校应鼓励企业附设"双师培训基地"，实施实践教学任务，为教师提供参观企业、实习、临时培训、参与企业生产经营管理、承担科研项目、参与技术创新、提高专业水平的机会；同时，鼓励教师结合企业实际参与教学改革和教材编写，提高教师的专业能力和教学水平。教师还可以通过团队实践和参与企业合作项目，及时发现学校教学中存在的问题和不足，及时调整课程和教学内容，培养企业所需的高素质人才。

（二）积极引进企业优秀兼职教师

为了加快专业英语教师队伍建设，高职院校还应积极引进企业优秀人才。一是从企业引进英语水平高、工作经验丰富的专业人才加入高职英语教师队伍，改变教师知识结构和学历结构相对单一的不利局面，提高高职英语教师队伍的综合能力，从而更好地完成教学改革的艰巨任务。第二，在招聘具有丰富实践经验的专职英语教师的同时，从涉外企事业单位聘请兼职英语教师也是改善高职院校英语教师队伍结构的重要举措。为解决高职教育师资短缺的问题，应积极聘请专家、学者和有经验的企业家或管理者担任客座教授或兼职教师。

第四节　高职专业商务英语 PEB 教学模式改革

深圳职业技术学院商务英语专业立足自身实际，积极学习和借鉴国外职业教育的先进教学思想和理念，并根据现代外语教学研究的最新成果，经过多年的教学改革与实践，确立了"以实践（Practice）为核心，以英语（English）为主线，以商务（Business）为背景"的教学模式，简称 PEB 模式。

一、PEB 模式基本要素

实践、英语、商务为 PEB 模式的三个基本要素。其中，实践是 PEB 模式的逻辑起点，模式中涉及的所有其他关系与结构均围绕此要素展开。"以实践为核心，以英语为主线，以商务为背景"是对三要素在 PEB 模式中的功能和意义的一种定性归纳。在这一表述中，切入三要素性质的角度各有不同，但三句表述涵盖了高职商务英语专业教学的培养目标、教学内容、教学环境、教学方法等主要环节，是对 PEB 模式下的商务英语专业教学活动内容的综合概括。在该表述中，可分别从教学理念定位和教学实施原则两个层面理解三要素。

（一）以实践为核心

1."以实践为核心"是高职商务英语的目标定位

根据我国高等域业技术教育的总体发展要求以及深圳产业转型对一线应用型英语人才的需求，深圳职业技术学院商务英语专业将教学的终极目标定位为"培养德、智、体、美、劳全面发展，具有良好的综合素质和英语听、说、读、写、译能力，熟悉国际商务的基本理论知识和操作程序，适应国际商务第一线需要的高等应用型专业人才"，并将专业核心能力确定为"商务环境下的英语应用能力"。

这一目标定位的前提是高职商务英语专业不同于其他理工类专业的"实践"内涵，即语言交际实践、商务沟通实践和综合实践。

作为高职教育的一部分，高职商务英语专业显然也包含技术教育所特有的技能训练，即实践教学。但作为高职文科类专业，商务英语专业的实践显然不可与其他理工类专业的技术操作相等同。

我国高职英语教育（特指大学英语教育）的教学目的、教学过程和教学内容分别具有应用性、实践性和实用性等特质。其中，实践性侧重描述高职英语教育的过程，其主要依据是语言学理论界对语言技能的理解，即语言技能是语言运用的方式或方法，包括主动／输出性技能（Active/Productive Skills）和被动／接受性技能（Passive/Receptive Skills）。一种技能可由更小的微技能（Micro Skill）组成，如听演讲时听出音调和语调。笔者认为，这一论述对于理解 PEB 模式下的语言实践具有重要的启发意义。当然，在 PEB 模式中，承认语言技能的实践意义并非意味着要摒弃语言的文化承载功能。语言技能的实践性表现为学生经历语言技能的"描述示范、自动化、自如化"三个阶段。其间，语言技能的实践活动均不能脱离语言的文化内涵。具体到 PEB 模式，则是英语语言技能的习得不能脱离"英语文化＋商业文化"，而这也正好照应了 PEB 模式中"以商务为背景"的表述。

在 PEB 模式下，商务沟通实践的含义源于业已蔚为大观的商务英语学科建设成果。它是指在商务背景下，运用语言技能和商务交际技能从事商务沟通活动。需要特别说明的是，有些商务交际技能实际上并不能与语言技能决然分离，如商务英语专业商务交际中在商务背景下进行的会议发言、打电话、起草信函、备忘录等交际活动。而且每项活动又可具体分解为多个微技能，如面试活动中包含表达观点、请求重复等功能性技能。

综合实践是指将英语知识技能与商务知识技能进行有机融合后完成综合性任务的实践活动。前两种实践中也包含英语与商务的融合，但主要是表层的融合，这由前两种实践任务本身的侧重点所致。综合实践则在更深层次上对语言与商务知识技能的融合提出了更高的要求。学生需要首先将相对独立的英语和商务知识与技能进行内化，成为相应的应用能力。然后，才能从容地面对纷繁复杂的商务背景下的各种交际活动。

在上述界定的前提下，"以实践为核心"意味着在高职商务英语专业的培养目标中，无论是涉及英语语言知识、商务知识，还是其他知识，均应围绕实际应用，即"实践"而设定，如图 6-3 所示。

与专业培养目标的基础地位相应，"以实践为核心"实质上反映出高职商务英语专业的基本教育理念，即一种能力本位思想。20 世纪 70 年代以来，能力本位的教育与培训（Competency Based Education and Training，CBET）开始在西方职教界大行其道，原来沿用普通高校教育的学科本位思想日渐式微。究其原因，正是重知识轻操作（Performance）的传统职教思想在 20 世纪 60 年代以来，经不起社会对高级技术人才需求的

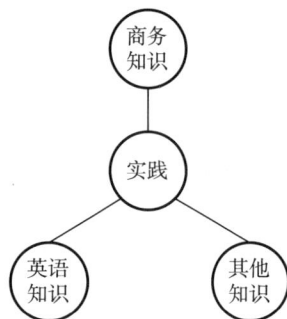

图 6-3 "以实践为核心"示意图

冲撞而败下阵来。"以实践为核心"顺应了这种世界范围内的职教潮流。这里的"实践"是指一种实际应用能力，即前面界定的语言、商务和综合三种应用能力。其中，综合能力正是对 CBET 近年来提倡的新职业能力观的反映。

2. "以实践为核心"是高职商务英语专业教学方法的基本原则

前面已论述通用英语与专门用途英语在教学基本原则上并没有本质区别，只

是在教学内容上，专门用途英语的教学内容与专业和职业更为相关。通常情况下，笔者认为并不存在一种专门用途英语教学法。在此，笔者将"以实践为核心"的第二层含义确定为高职商务英语专业教学的方法论原则，并非与上述观点相左，而是将上文界定的三种实践活动在方法论层面进行具体化，即从教的角度来看，三种实践活动是由各具特色的教学方法来具体实现的。各种实践教学方法的集合即构成高职商务英语专业的实践教学方法体系，如图 6-4 所示。

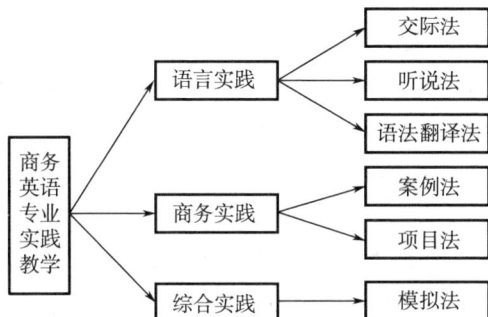

图 6-4 实践教学方法体系示意图

值得注意的是，此处所列教学法并未穷尽三类实践教学活动所涉及的所有具体教学方法，如语言实践中的各种教学方法就并非图中所能涵盖。此外，图中所列的几种常见教学法并非一定优于其他未被列入的教学法。历史上曾经出现的各种教学方法都有其存在的价值，或者说各有千秋。只是由于其内在机制不同，加上使用者的个人风格有异，各种方法在教学效果上不尽相同。然而，万变不离其宗，教师在选择和使用这些个别的教学方法时都应该"以实践为核心"，即应该根据具体的实践教学目标，按照一定的教学策略进行选择和应用，而不可一味盲从某种流行的教学法，否则不但不能实现教学目标，还可能适得其反。从这一意义上讲，"以实践为核心"是指导高职商务英语专业教学方法的基本原则。

（二）以英语为主线

1."以英语为主线"是高职商务英语的属性定位

在讨论通用英语与专门用途英语时，笔者已经在 ESP 框架中发现了商务英语的存在，这表明学界已对商务英语的 ESP 属性有所认知。然而，关于商务英语的学科归属问题，也存在另一种说法，即认为商务英语是在外国语言学和应用语言学理论的指导下，研究英语在国际商务中的应用，属于文学、经济学、管理学交叉的学科，其论据是 1997 年在硕士生的专业目录中，把 ESP 划入外国语言学和应用语言学。另一种折中的看法是商务英语是以语言学与应用语言学理论为指导，涉及多门类、跨学科的交叉性综合体，是英语的一种重要功能变体，亦是 ESP 的一个重要分支。

不可否认，语言学与应用语言学理论对于语言教学具有重要的指导作用。20 世纪 60 年代以来，ESP 的发展历程足以证明其作为一门独立学科的必要性。本书认同这种观点，即商务英语是商务环境中应用的英语，它是 ESP 的一种变体。它一方面具有明确的目的，应用于特定的职业领域，另一方面具有特殊的内容，涉及与该职业领域相关的专门化内容。

作为商务英语学科体系的重要组成部分，高职商务英语专业属于 ESP 范畴，这与高等职业教育自身的定位是密不可分的。与普通本科学校的学科型教育相比，高职教育与一线职业岗位群的联系更为紧密，在教学内容上适应职业岗位需求的目的性更强。高职教育对内容和需求的重视与 ESP 领域对商务英语特征的归纳有着异曲同工之处。

强调商务英语专业的 ESP 特性，并非意味着要弱化英语对于商务英语专业的重要性。按照国家教育部颁布的《目录》，在我国高职教育的总体框架中，涉及英语的各专业均被划归商务英语、旅游英语、应用英语、英语教育四大类中。但无论具体的专业名称为何，英语始终是这几类专业不同于其他专业的根本属性。若抛弃这一根本，去追求加大相关专业比重的所谓改革，如在有限的学时中增加商务、国际贸易、电子商务等热门课程的中文授课比重，其结果只能是舍本逐末。

2. "以英语为主线"是高职商务英语专业教学内容的设计原则

深圳职业技术学院商务英语专业自 1994 年成立以来，在教学内容的设计上，始终坚持"以英语为主线"的原则，紧跟深圳外向型经济的发展步伐，瞄准深圳本地涉外商贸的一线职业岗位群，如政府机构或商务机构文秘、国际贸易和金融公司业务人员或行政管理人员、外事机构行政助理或翻译等岗位，强化本专业的核心竞争力，即商务环境下的英语应用能力，或者说是在商务环境下扎实的英语听、说、读、写、译能力。以 2005 商务英语专业教学计划为例，商务英语专业立足自身实际，并参考针对普通本科英语专业的新《大纲》和针对高职非英语专业的《基本要求》两个纲领性文件，制定了以下关于教学内容的基本要求。

（1）基本素质。

要有良好的政治素质、文化修养、职业道德和健康心理。

（2）外语能力。

熟练掌握英语，基本掌握第二外语（日语、俄语、韩语、西班牙语、德语、法语六选一）的基础知识和应用技能。

（3）计算机应用能力。

具有较强的计算机应用能力，能熟练运用常用办公软件和电子商务软件从事一线专业工作。

（4）基本知识与基本技能。

①掌握英语知识和适量的商业知识。

②具有较强的英语应用能力，达到听、说、读、写、译"五会"。

③具备商务办公实践能力。

④具备商务操作能力。

⑤具备在商务环境下的英语语言应用能力。

⑥具有较强的创新意识与创业精神。

（三）以商务为背景

1. "以商务为背景"是高职商务英语的人才定位

《基本要求》为高职英语教学指明了"实用""够用"的总体方向，强调了英语应用能力在高职英语人才定位中的重要性。这一总体原则对于高职英语专业教学具有重大的指导意义。然而，《基本要求》毕竟是针对非英语专业的英语教学，对于英语专业的人才定位还需借鉴新《大纲》进行补充。面对21世纪信息化、全球化的新形势，新《大纲》明确提出："高等学校英语专业培养具有扎实的英语语言基础和广博的文化知识，并能熟练地运用英语在外事、教育、经贸、文化、科技、军事等部门从事翻译、教学、管理、研究等工作的复合型英语人才。"与此相应，新世纪英语专业人才的培养规格是具备"扎实的基本功、宽广的知识面、一定的相关专业知识、较强的能力和较高的素质"。在课程设计上，新《大纲》建议开设英语专业技能、英语专业知识和相关专业知识三大板块的课程（高等学校外语专业教学指导委员会和英语组，2000）。

新《大纲》对复合型英语人才的定位为高职英语人才培养提供了重要的参照，但它并非是放之四海而皆准的真理。如前所述，高职商务英语专业的根本在于英语，但并非是指经院式、学科本位的本科英语，而是带有浓重的ESP特色。从诞生之日起，其属性就决定了它只能走一条有高职特色的道路，不能照搬本科英语的复合型人才培养模式，如已经广为流传的"英语＋专业知识""英语＋专业方向""英语＋专业"。抛开生源、师资等客观因素不谈，高职教育肩负的历史使命是为我国产业型岗位培养具有较强动手能力和一定理论知识的一线应用人才。这一使命决定了高职商务英语人才要密切关注国际商贸职业岗位的具体要求。换言之，对于高职商务英语人才而言，"英语"与"商务"两种知识与技能从本初的定义上就是须臾不可分离的。作为专业根本的"英语"始终是在浓厚的"商务"背景下习得的,"商务"知识与技能也早已融入"英语"的学习之中。

2. "以商务为背景"是高职商务英语专业教学环境的优化原则

关于教学环境的基本定义尚无定论,顾明远(1990)在其主编的《教育大辞典》中将教学环境定义为"影响教学活动的各种外部条件",这一定义并未考虑人的内部因素;李重德(1991)在其主编的《教学论》中则将教学环境解释为"学校教学活动所必需的诸客观条件的综合"。这种理解更加明确地排除了人的主观因素,显然有失偏颇。本书赞同邓金(M. J. Dunkin, 1987)在《国际教学与师范教育百科全书》(*The International Encyclopedia of Teaching and Teacher*)中对教学环境的二分法,即教学环境分为物理环境和心理环境。根据这种界定,高职商务英语专业的教学物理环境可以理解为开展教学活动的各种设施、教室布置等因素的集合,而教学心理环境则是教师与教师、教师与学生、学生与学生等相互作用而形成的一种隐性的氛围,如校风、班风、课堂教学气氛、师生人际关系。

物理环境与心理环境既相对独立,又相互影响,二者共同对教学活动产生作用。

"以商务为背景"对高职商务英语专业教学环境建设的指导意义首先体现在教学物理环境的优化上,如教室的设施配备、座位模式选择,以及商务实训模拟情景的创设等方面。在座位模式上,深圳职业技术学院商务英语专业率先在数间商务实训室内进行了大胆的改革,突破了课桌全部面对黑板的传统秧田式布局,根据课型引入了数种非正式座位编排模式,如圆形、会议式、马蹄形排列方式及其变式,如图6-5所示。

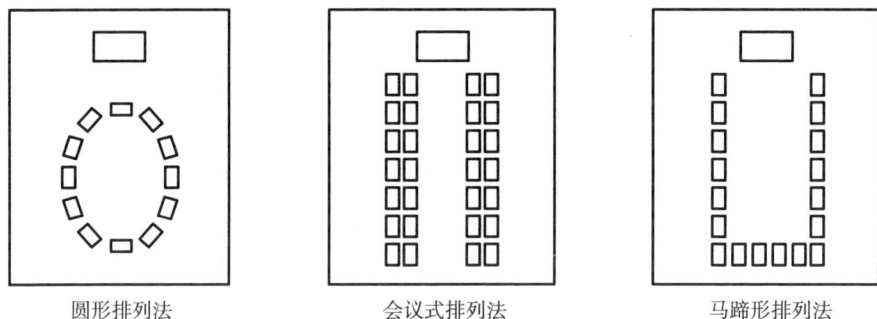

|圆形排列法|会议式排列法|马蹄形排列法|

图6-5 商务英语专业教室座位模式示意图

作为"以商务为背景"的具体表现之一,以上几种座位模式对于商务英语专业各门课程,尤其是全英商务课程的教学环境产生了积极的优化作用。这些排列方式极大地方便了师生的课堂互动,改善了教师对学生关注程度的均衡性,从而为调动更多学生的学习积极性奠定了基础。这些类似公司会议室布局的座位模式，辅以商务办公设备等实训设施，也为开发多功能商务模拟情景提供了可能。

二、PEB 模式人才培养流程

根据 PEB 模式对英语、商务和实践三要素及其关系的界定，商务英语专业确定了以下人才培养流程。虽然它只是 PEB 模式下高职商务英语专业人才培养的一个简单化的流程，具体教学过程难免有许多复杂因素，但这种直观的流程图（图6-6）对于理清高职商务英语专业教学的重要环节和关系是有所裨益的。

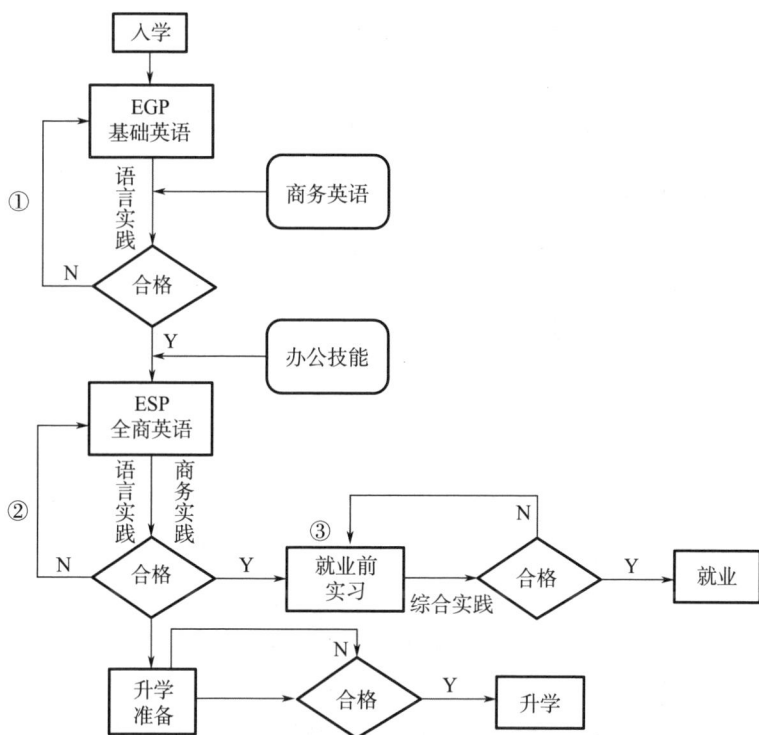

图 6-6　PEB 模式人才培养流程图

图 6-6 中的①、②、③阶段分别对应三年制高职商务英语专业的三个学年，现分述如下。

（一）第一阶段

PEB 模式下高职商务英语专业的第一年教学以通用英语为主，辅以可选项"商务英语"教学内容。在此，"商务英语"指参照国内外商务英语教学内容要求（如剑桥国际商务英语证书考试内容）所开设的商务英语系列课程。之所以将其设为可选项，是考虑到高职商务英语专业新生的入学英语水平差异较大，具体的商务英语课程教学内容需根据当年入校新生情况做出灵活调整。

总体上，新生应加强对通用英语的学习，而商务英语课程是对通用英语学习的一种辅助。在保证通用英语学习强度的前提下，它可为下一阶段的学习提供一种商务氛围，提高学生的专业认知。从这一意义上讲，一年级的商务英语课程是一种桥梁课程，衔接通用英语与下一阶段更加深入的学习。从教学内容设定上来看，第一阶段的学习充分体现出"以英语为主线，以商务为背景"的PEB模式特色。

鉴于上述教学内容安排，第一阶段的实践总体上属于语言实践的范畴，具体实践教学方法则根据课型特点、学生需求和教师的个人风格而有所不同。学生经过考核合格后即可进入下一阶段，不合格则需重温该阶段的教学内容。

（二）第二阶段

PEB模式的第二阶段侧重所有英语商务课程。所谓全英语商务教学，是指以英语商务教材和英语为教学语言的教学。与第一阶段相比，这一阶段的侧重点有所转移，但这并非背离"以实践为核心，以英语为主线，以商务为背景"的方针。一方面，该阶段仍然开设大量中高级通用英语课程，只是在本阶段提出了对商务背景的更高要求；另一方面，实施商务课程的全英文教学恰好是对前一阶段通用英语课程和商务英语衔接课程教学内容的巩固和提高。英语知识与技能不仅没有被淡化，反而得到加强，而且是在商务背景下的强化。学生在通用英语课程中所学的英语知识与技能在全英文商务教学中得到了更深入、更有针对性的锻炼和提高。

当然，在高职院校开展全英文商务教学的具体内容和方法需要通过大量调查研究和实验才具有可行性，切不可贸然照搬本科商务英语的全英文教学模式（如广东外语外贸大学模式）。确定这一阶段全英教学内容的层次和难度应该立足高职院校的实际情况。

此外，这一阶段的可选项"办公技能"教学内容也是高职商务英语专业教学的实践特色之一。之所以将其定位为可选内容，主要是考虑其内容应与全英商务教学相配合，即办公技能类课程教学内容应与全英商务教学内容相照应和补充，具体开设学期可灵活处理。

实践教学的第二阶段包括普通英语提高阶段的语言实践和全英语商务教学的商务实践。完成本阶段学习并通过考试后，学生可以进入下一阶段学习；否则，应根据具体情况进行补课和补考。

（三）第三阶段

PEB 模式第三阶段教学是在前两个阶段基础上进行的综合教学。教学内容除继续延续通用英语的提高课程外，强化了将英语与商务及办公技能进行融合后的综合实践。在具体的教学安排上，学生必须进行大量的实训室综合模拟训练和下企业顶岗实习，并在模拟或真实的商务情境中锻炼英语的应用能力。在可能的情况下，教师应根据市场的变化，灵活设计综合实践任务，使其尽量贴近一线岗位的需求，也使学生在完成综合实践各种项目和任务后具备初步解决实际问题的能力，从而应对国际商贸一线英语交际岗位的各种变化。

此外，第三阶段教学还面临一个更为实际的问题，即部分学生毕业时可能选择升学，而不是立即就业。因此，在设计教学内容时，PEB 模式在这一阶段专门应对这一部分学生的需求，安排了"升学准备"这一分支。具体教学安排为：教师可在通用英语高级阶段的基础上，有针对性地对学生升入本科阶段所必备的一些学术性技能（如论文写作等）进行强化，从而拓宽学生毕业出口，体现因材施教的教育思想。

综上所述，PEB 模式的人才培养流程是对高职商务英语专业 PEB 模式下"以实践为核心，以英语为主线，以商务为背景"的形象描述。其中，三个连续阶段的教学均围绕各具特色的实践活动展开，并最终产出具有综合实践能力的毕业生，充分体现了"以实践为核心"的培养目标定位。从教学内容上看，英语教学贯穿始终，充分体现了"以英语为主线"的教学设计思想。商务知识与技能在第二阶段的全英教学中虽有所强化，但与本科商务英语全英教学（如广东外语外贸大学模式）相比，在教学内容的质与量方面均有很大区别。如前所述，"以商务为背景"在 PEB 模式中一方面表现为 ESP 教学内容，另一方面是英语知识与技能的模拟应用环境。

三、PEB 模式系统结构及其应用

如图 6-7 所示，PEB 模式是由三个层次的子模式群构成的系统。宏观层面为商务英语专业的能力结构子模式；中观层面是由课程设置、实训环境、教材建设、师资培训等组成的子模式群；微观层面为教学评估子模式和课堂教学子模式。其中，教学评估因包含对总体教学的评估，故也可划入中观层面。

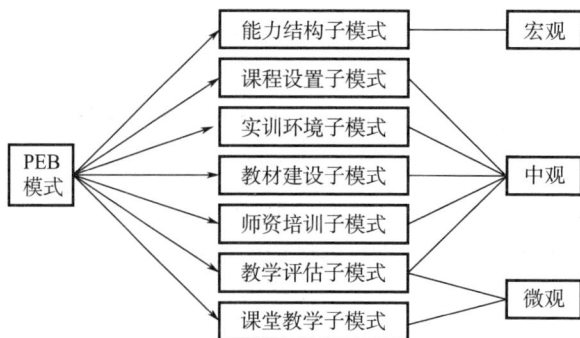

图 6-7　PEB 模式系统结构图

（一）宏观层面

在 PEB 模式的宏观层面，商务英语专业的能力结构子模式主要表现为商务英语专业的能力结构体系。该体系自上而下分为四个层级：最上层级为商务英语专业德、智、体、美、劳五个培养目标分项；第二层级为十一个素质或能力项；第三层级为能力项的具体技能要求；最底层级为课程支撑体系。

作为对商务英语专业总体教学思想的直观反映，该层级结构模式吸取了加拿大 CBE 模式下能力分解图表的部分特点，依据商务英语专业职业岗位群的需求分析及商务英语专业专家委员会的建议，结合我国高等教育的具体要求，将职业能力分解为具体的十一个综合能力项。每一个综合能力项又细分为若干个专项技能。这些专项技能均附有基于职业岗位具体任务的详细要求。而支撑上述能力项的课程体系及相关教学内容同样与职业岗位要求相联系。

这种能力结构模式因为实施了职业能力分解，极大地提高了课程设置和能力培养的针对性。然而，这种能力结构模式在实际运用中并非没有欠缺。尽管商务英语专业成立了由行业专家组成的专家委员会并定期召开会议，沟通职业岗位要求的最新进展，但鉴于我国高等职业教育的学校本位现实，校企之间还不能真正达到加拿大 CBE 能力模式下那种紧密联系。这种能力结构模式在分解职业能力时还不能做到 CBE 模式所要求的那样与职业岗位完全接轨。再者，尽管这种能力结构模式对于提高英语语言听、说、读、写、译专项技能学习的有效性具有一定作用，但对于某些商务知识与技能（如某些商务业务技能）的掌握仍然可能存在一定难度，有时难免出现课堂教学与岗位要求脱节的现象。当然，CPE 模式下培养技能和岗位紧密联系也有一定弊端，如完全依赖具体岗位任务来规定技能或能力，致使学生缺乏必要的职业适应性。

（二）中观层面

1.课程设置子模式

商务英语专业课程子模式是一个集语言实践能力、业务实践能力、综合实践能力为一体的能力本位课程体系，包括语言课程模块、商务课程模块和综合实训课程模块。各模块之间相对独立又相互联系。

2.实训环境子模式

PEB 模式下，商务英语专业的实训环境子模式的主要特色表现为教学与就业岗位零距离。根据该模式设计，商务英语专业的实训环境由三个平台构成，即普通教室实训平台、校内实训中心平台和校外实训基地平台。三个平台既承担着不同的功能和效用，又在培养学生技能方面相辅相成，使学生的综合技能能够在循环中得到强化和提升，如图 6-8 所示。

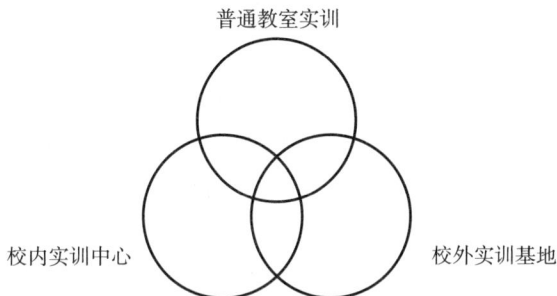

图 6-8　PEB 模式实训环境子模式示意图

图 6-8 中的三个圆代表三个实训平台，为学生分阶段进行不同目标的实训学习提供了场所。学生存在个体性差异，因此，每个学生在三个平台上所获得的各种实践技能和能力在质与量上均有所不同。而三个圆的交集部分则代表学生在三个平台上最终获得的综合实践能力。三个平台与课程教学的关系如下述所。

（1）普通教室实训平台。

普通课堂实践平台主要服务于所有普通课程的课堂实践活动。语言课程实施了以交际教学法为代表的教学方法改革，强调课堂互动，为学生创造了更多的语言实践机会。商务课程则主要通过实施案例法和项目法教学，将基本的商务知识和技能分解为具体的案例和项目，并在课堂上开展实践活动。

（2）校内实训中心平台。

商务英语专业的实训中心由商务文秘实训室、国际会议中心、新闻发布中心、数码语音室构成，既能够培养学生的英语语言技能，又能培养学生商务运作技能，提升学生的职业能力。

（3）校外实训基地平台。

本专业在深圳地区的十余家企业和行业协会，如铁行渣华（中国）船务有限公司、深圳市物博集团、深圳家具协会、深圳高交会建立了长期性的专业实习基地，为学生提供实习机会，改善就业前景。本专业与深圳家具协会联合举办了深圳国际家具展，在展会期间为本专业所有学生提供了上百个岗位，可供学生轮岗实习。学生可在真实的商务环境中与外国客商进行面对面的沟通并提供服务，锻炼和培养了学生的英语应用能力、商务技能和职业意识。

3. 教材建设子模式——以国际市场营销课为例

作为 PEB 模式的子模式，商务英语专业通过近几年来的实践，在教材建设上逐渐形成了一套行之有效的"三管齐下"教材编写模式，即"引进＋改编＋自编"三种形式相结合的教材建设路子，培养出一支善于结合国内外先进经验和自身实际的教材建设队伍，在语言教材、商务教材、实践教材三个领域均取得了显著的成效。

在语言教材方面，商务英语专业先后与外语教学与研究出版社、上海外语教育出版社和高等教育出版社合作编写了 40 余部高职英语教材，已占据全国高职英语教材的半壁江山，在教学理论和教学实践两方面位居全国高职院校外语教学的领先地位。

在商务教材方面，商务英语专业在高等教育出版社出版了全英版商务系列教材，包括《国际商务文秘》《人力资源管理》《国际商务管理》《国际商务交际》《电子商务》《国际贸易实务》《国际市场营销》。此外，新的实践系列教材项目也已经正式启动，包括《商务现场口译》《商务写作》《外事实务》《商务 ICT》《同声打字》。

作为全英版商务系列的首发教材，《国际市场营销》的编写出版正是对"引进＋改编＋自编"这种模式的具体应用。在经济全球化的背景下，培养能用外语从事国际商务的人才是高校刻不容缓的任务。双语教学因此在许多高校悄然兴起。可是各个本科、专科及高等职业院校都面临缺乏适合其相应层次及适应我国国情的英文版商务教材。该教材的问世正好填补了国内适合本科、专科及高职学生使用的英文版市场营销教材的空白。

该教材的编写首先引进了英国国家职业资格证书体系（NVQ）的先进理念和相关教学材料，并在商务英语专业国际市场营销课上进行了为期三年的试用。在此期间，该课程教学小组根据我国高职学生的实际情况，结合社会对一线国际市场营销人员的岗位要求，在组织实施教学的同时开始了对 NVQ 教学材料和评估标准的改造工作。最后，在吸收 NVQ 教学思想和教材优点的基础上，该课程小组认真研究平时教学中反映出来的问题，并由此出发，创新体例，控制难度梯度，增加高职生喜闻乐见的趣味教学活动，从而在全国首创了高职层次的全英版商务教材。该教材具有以下特点：

（1）按照英国 NVQ 教学理念进行编写，体现"以学生为中心"，注重过程评估。

（2）按照教学流程编写，提供了教学大纲、报告模板、专业术语解释、教学目的，中间穿插各种问题、活动、任务和小案例等，章节后提供项目练习和评估标准，既适合教师教学，又适合学生自学。

（3）通过提供过程评估及考试方式改革的全新做法，可培养学生自学能力、分析问题、信息搜寻、团队合作、口头报告、商务报告撰写能力。

4. 师资培训子模式

经过 10 年的实践，商务英语专业逐步推出了符合高职英语专业师资建设要求的二元师资培训模式，即教师素质要求达到"英语＋商务相关专业""双师型"；培训费用由个人与集体分摊；培训地点为"国内与国外"进修相结合；培训方式为"在职与脱产"相结合，如图 6-9 所示。

图 6-9 中的几组二元关系项之间是一种相辅相成的关系。以高职教育对教师提出的"双师型"要求为例，商务英语专业教师个人在进修英语专业知识技能时，应主动联系高职教育实际，即在提高英语专业理论与方法的同时，密切关注商务相关知识的动态。而在进行商务相关知识培训的同时，应注意将英语与商务相关知识进行融合，避免出现二者脱节或者偏废的情况。

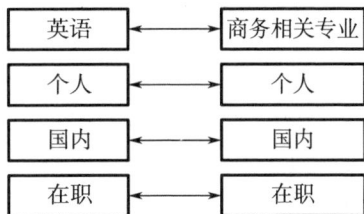

图 6-9 PEB 模式师资培训子模式示意图

此外，还应该看到，师资工作是一项复杂的系统工程，实际情况的变化可能远远超出上述几组二元关系的范围，如还可能出现教学与科研、骨干教师与全体教师、职称与能力、物质激励与精神感召之间关系的矛盾。因此，应该明确上述模式只是将复杂的高职英语专业师资队伍建设工作做了一种定性的简化描述。对于师资培训的组织管理者而言，他们应该从更新自身观入手，依赖制度创新，切实做好师资工作中的每个细节，辩证地处理好上述矛盾，并寻求上述几组二元关系的最佳组合方式。

按照这种模式，商务英语专业具体组织实施了以下几种典型的培训项目：

（1）赴香港高校、企业机构进行交流。

（2）个人或组团赴国外考察进修。

（3）在职攻读硕士、博士。

（4）下企业进行专业实习。

（5）在职进修双师证书。

通过上述项目的运作，不难发现这种二元模式既保证了新招聘教师对高职教育的适应性，又及时更新了已上岗教师的业务水平，从而稳步提高了师资队伍的整体素质。截至目前，其运行结果是本专业 60% 的教师都拥有了留学或国外进修的经历，熟悉国际先进的教育理念和教学方法与策略，45% 的教师具有丰富的国际性或对外公司的工作经验，了解商务运作的原理与流程，熟悉国际惯例与规范，具有从事商务英语教学的良好素质。目前，在总数 25 人中，教授 1 人，副教授 9 人，讲师 11 人，助教 4 人，职称结构合理。在学历结构方面，硕士研究生 20 人，本科毕业生 5 人，出国留学及进修人员 15 人，其中在读博士生 3 人。在高职教育基本素质要求方面，"双师型"教师或具备"双师"经验的教师 21 人，占全体专业教师的 84%。此外，本专业所有教师均能熟练地应用计算机技术，查阅与利用外文资料开展多媒体教学。

（三）微观层面

1. 教学评估子模式——以商务交际课为例

PEB 模式体系中，教学评估子模式是根据国内外语言教学研究成果，借鉴英国国家职业资格评估体系，并结合高职英语教学实际而形成的一种多元化、形成性课程评估体系。它既可以作为中观层面的子模式，对总体教学过程有一定的指导意义，又可作为微观层面的课堂教学评估方法。如上所述，高职英语专业的评价体系总体上具有评价内容、评价方法、评价主体、课程评价机会等多样化特点。

商务交际是商务英语专业实训类骨干课程，也是专业重点改革课程之一。该课程教学小组经过长期摸索，在借鉴与总结的基础上设计出一整套与课程教学内容密切相关的评估表格，下面仅以"面试"教学单元为例对其中主要的表格做简要说明。

面试技能是职场必备技能之一，也是商务交际课的重要教学内容。表 6-2 中，分别设计了针对"面试考官"和"面试者"两种角色的各类评估项。在具体实施"面试"单元教学评估时，根据具体角色分派，教师与学生均可使用该表，即可进行师生互评和学生互评。表中所列评估项的选定根据该单元主题的具体特点和要求制定。每一评估项均按等级制配有详细的评估标准，在此不一一罗列。该互评表对于教与学双方都有一定的帮助：一方面，学生可从一目了然的评估项中及时了解自身的学习进度和效果；另一方面，教师可以借此组织灵活机动又饶有趣味的课堂教学活动。从这一意义上说，该表格兼具教学与评估两种功能。

表 6-2　"面试"单元互评表

Assessment Form				
	A	**B**	**C**	**D**
Interviewers				
■ Questions well prepared	☐	☐	☐	☐
■ Evaluating each candidate fairly	☐	☐	☐	☐
■ Bringing appropriate information	☐	☐	☐	☐
■ Dress and appearance	☐	☐	☐	☐
■ Introduction	☐	☐	☐	☐
■ Nonverbal skills	☐	☐	☐	☐
■ Listening and communication skills	☐	☐	☐	☐
■ Interview questions	☐	☐	☐	☐
■ Close	☐	☐	☐	☐
Resume				
■ Heading	☐	☐	☐	☐
■ Job objective	☐	☐	☐	☐
■ Personal information	☐	☐	☐	☐
■ Qualifications	☐	☐	☐	☐
■ Work experience	☐	☐	☐	☐
■ Education	☐	☐	☐	☐
■ Activities, interests, and achievements	☐	☐	☐	☐
■ References	☐	☐	☐	☐
Application				

（to be continued）

Assessment Form	A	B	C	D
■ Heading	☐	☐	☐	☐
■ Address	☐	☐	☐	☐
■ Reference	☐	☐	☐	☐
■ Beginning	☐	☐	☐	☐
■ Introduction	☐	☐	☐	☐
■ Personal ability	☐	☐	☐	☐
■ Ending	☐	☐	☐	☐
■ Enclosure	☐	☐	☐	☐
■ Signature	☐	☐	☐	☐

表 6-3 主要针对学生自我评估而设计，其作用主要体现在：

（1）帮助学生迅速温习单元要点。该表列出了本单元主要的知识点和技能点。

（2）培养学生的自学能力。学生使用该表进行自评，实质上也是对自身学习能力的一种考验。

（3）培养学生分析问题和解决问题的能力。学生在长期使用该表进行自评后，可逐渐熟悉和了解如何分析单元教学内容及相关实际问题，并提出解决办法。

表 6-3 "面试"单元学生自评表

Student Asses Record (SAR)

Instructions to Students

Sign and date this form when you have achieved each objective reliably without help.

Please tick the competence criteria that have been met and answer the questions accompanying each criterion.

Competence Criteria
After studying this unit, you are able to

1. Identity the procedures of employment communication.
Answer the following question in English.
　　■ What are the procedures in employment communication?
2. Analyze yourself and the market.
Indicate whether the following statements are true or false.

（ *to be continued* ）

□ The first step in any job search is to find which jobs are available.

□ An understanding of personal traits can help you select a suitable career field.

□ Volunteer activities may be listed in the work experience section of your resume.

□ Employers are not interested in the educational courses you have taken.

3.Know how to write your resume and CV.

Indicate whether the following statements are true or false.

□ A resume is a summary of a student's academic qualifications for employment.

□ An attractive, well-written resume can lead to an invitation for a job interview.

□ If much of your work experience relates to the job you want, you should organize resume using the functional order.

Answer the following questions in English.

■ What should be included in a letter of application?

_____

■ What should be included in a CV?

_____

2. 课堂教学子模式——以商务现场口译课为例

PEB 模式下，商务英语专业的微观教学子模式，即具体课堂教学方法取决于各具体课程的课型特点、教学目标、学生程度、任课教师个人风格等因素。正如前面实践教学方法体系所体现的那样，语言实践的具体教学方法可能有别于商务实践的具体教学方法。同理，商务实践的具体教学方法又可能与综合实践的方法有异。鉴于此，以下仅以新开课程商务现场口译为例，简述 PEB 模式下微观层面的课堂教学子模式。

商务口译是商务英语专业的一门实践性很强的综合性课程，它借鉴了国内外成熟的口译教学经验，并结合了高职学生的实际情况。在课堂教学中，商务现场口译教学小组积极分析学生的需求和现状，认真吸收国内外翻译教学特别是口译教学的最新理论和实践经验，经过近两年的探索，逐步总结出一套行之有效的课堂教学方法，即"3P"实践教学模式。

（1）总体特色。

①教学环境逼真。

商务现场口译的课堂教学主要在商务英语专业商务模拟中心的会议室进行。其会场布置与真实的国际商务会议厅无异，并配有先进的同声传译设备。这种物理教学环境的设计可使学生在进行口译训练时充分体验到商务现场氛围，有利于调动学生的积极性，提高模拟训练的有效性。

②教学方法灵活。

商务现场口译课的课堂教学方法以语言情景模拟为主，方法介于交际教学法和项目法之间。教师在教学中以各种难度的商务现场口译任务为教学内容的载体，鼓励学生在完成任务的过程中体会并总结语言专项技能和口译技巧。

③评估方式新颖。

商务现场口译课突破了传统的课程评估方式，吸收了英国国家职业资格体系理念，创新了多元化、形成性评估方法，突出了评估的现场性和评估佐证材料的多样性。

（2）教学内容。

根据"3P"实践教学模式，商务现场口译课在教学内容上设置了 20 个实训项目，涵盖国际商贸一线职业岗位的常见情境，并由此组成了该课程的常规教学单元。每个单元的教学内容均包含该情境下的主要英汉语言表达法、文化背景知识（尤其是商务文化背景知识）、商务沟通技巧、口译技巧等。

（3）口译过程。

根据"3P"实践教学模式，商务现场口译活动依顺序分为译前准备阶段（Pre-interpreting Preparing）、现场口译阶段（Interpreting Performing）、译后总结阶段（Post-interpreting Packaging）三个阶段，如图 6-10 所示。

在译前准备阶段，译者需要根据口译任务及时准备必要的英汉语言技能、商务知识和技能、文化背景知识等资料，这是后续阶段的必要先导。其效果将直接影响后续阶段的实施。对于学生来说，这一阶段的培训侧重知识和技能的输入。高职学生基础薄弱，英语和汉语技能是主要的难点。在"3P"教学模式下，口译教师必须根据学生的实际情况把握这一阶段的强度，力求使每个学生都有必要的语言基础，为口译任务的完成做好准备。

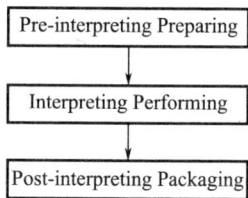

图 6-10　口译活动阶段分解图

在现场口译阶段，译者需要熟练地运用专业口译技能，如解码、理解记忆、编码输出、协调训练，完成商务场景中的各种口译任务。这一阶段是高职院校开设英语口译课程面临的最大问题，因为高职英语专业没有类似课程的成功经验，师资和教材也相对缺乏。然而，这一阶段是口译任务的核心阶段。口译的质量取决于这一阶段的表现。因此，在"3P"教学模式下，口译教师必须在保证学生具备必要的语言技能的前提下，通过各种有趣、现实的口译任务训练学生的现场口译技能。就这一阶段所涉及的技能而言，解码听力是指听力理解，包括主动听力、语篇分析和记笔记；理解记忆是指借助笔记进行的短期记忆，包括总览和故事复述；编码输出是指源语言信息在目标语言中的再表达，包括公开演讲、一句多译、数字口译、成语口译、术语口译等具体技能；协调训练是指口译中听、录、译的协调，包括影子跟读、视译练习、临场应变等具体技能。

在译后总结阶段，译者应对已完成的口译任务，从口译技巧的运用、语言难点、商务与文化背景难点等方面进行有效的总结。这一过程是口译训练的重要提高阶段。如果没有对问题和教训的反思以及对经验和技巧的总结，译者便不能取得进步，甚至可能会致使错误加剧。通过这一阶段，教师可以及时了解学生对于专业知识技能的掌握情况，并做出相应调整；学生则可以在教师与同学的指正中获得从书本上无从得知的技巧与经验，也可以从别人的鼓励中增强信心，为进一步学习打下良好的心理基础。

（4）评估方式。

与上述口译活动的三个阶段相对应的三种主要的口译教学评估方式为师生协同评估、小组互评和学生自评，其对应关系如图 6-11 所示。

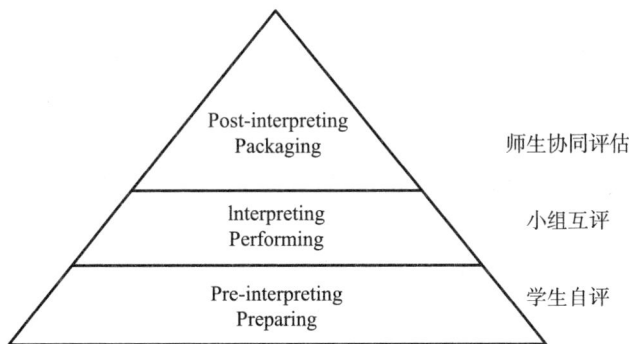

图 6-11　"3P"模式下各阶段比重与评估方式对应关系图

对于三种评估方式，教师应根据具体单元的难度、学生的学习习惯和参与程度进行灵活运用。为保证评估的客观性，师生应在口译任务具体实施时搜集评估佐证，即通过笔记或录像等形式记录译者的表现。在评估总结时，教师应做好组织、监督和协调工作，保证评估的效率。

（5）教学流程。

根据"3P"模式的设计，商务现场口译的单元教学流程如图 6-12 所示。

157

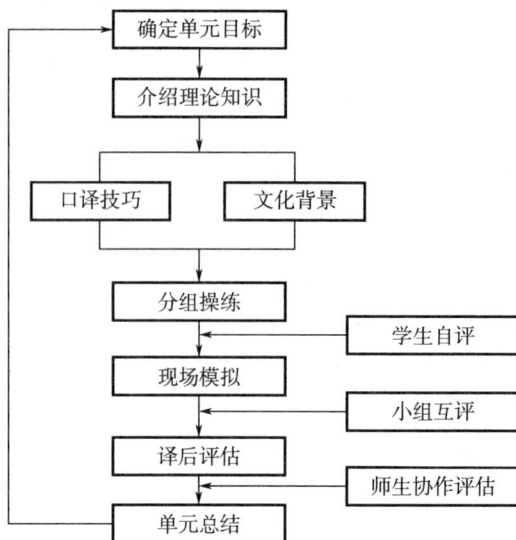

图 6-12 商务现场口译教学流程图

"确定单元目标"为单元教学的起点，教师应根据学生在该单元前的学习状况设定可操作的单元目标，注意内容的难度和梯度，并根据目标具体设计课堂教学任务。

"介绍理论知识"是指教师对本单元所涉及的口译技能、英语和商务文化背景知识的简要介绍。虽然这种联系与传统意义上的知识点解释有共同之处，但它不是该模型中的主要联系。学生对单一目标中知识和技能的掌握不取决于教师在这一环节的"灌输"，而取决于后续环节中具体口译任务的参与和完成质量。

"现场模拟"是指全班在业务场景中进行口译任务的综合演练。与前一环节相比，这一环节增加了口译任务的全面性，由模拟效应造成的现场压力也更大。由于完成质量在一定程度上取决于上一个实践环节的效果，因此该环节的具体开始时间和内容由教师灵活调整。在模拟过程中，如果一组学生执行模拟任务，其他学生则作为现场观众，负责与问题合作并评估实施组的绩效。因此，该环节的评价方法为群体互评。同时，为了保留评估支持证据，在条件允许的情况下，可以进行现场录像或记录。

"译后评估"是指教师和学生参与口语评估，教师组织学生讨论仿真任务绩效，具体的评价项目可以考虑礼仪、语言表达、口译技能、小组合作和其他方面。

"单元总结"是指教师对本单元教学任务的完成情况、教学目标的实现程度等进行总结，便于确定下一单元教学的目标和任务，有助于学生理清本课程知识与技能的脉络。

四、PEB 模式应用效果

（一）学生成果

PEB 模式在商务英语专业实施 9 年以来，经过对商务英语专业 2001 级、2002 级学生就高级英语、同声打字和商务交际进行了抽测，结果发现：学生基础理论、专业知识掌握程度的优良率为 76%，学生基本技能的优良率为 91%，学生解决本专业实际问题的工作能力的优良率为 78%。

商务英语专业教师近年来在课余时间结合学习内容与生活体会撰写并公开发表论文（作品）26 篇。

商务英语专业学生近年来在校级以上的英语演讲比赛、辩论赛、计算机技能大赛中分别获得冠军、亚军等总计 14 个奖项，计 60 余人次。

商务英语专业学生毕业必须获得国际英语能力证书、全国计算机等级证书（一级）。近三年来毕业生双证取得率逐步提高，2000 级、2001 级、2002 级的双证取得率分别为 80.65%、93.33% 和 97.87%。总体看来，本专业学生的双证获得率较高。由于证书为国际和国家认证，技术含金量较高。

本专业高度重视毕业论文，每年都组建中外教师合作团队指导学生的论文写作，学生必须在指定的时间内严格按要求完成全英文的毕业论文。教师团队对学生论文的批改至少 4 次，2000 级、2001 级、2002 级学生毕业论文的优秀率分别为 19.35%、16.67% 和 12.77%，学生论文的优秀率较高。

商务英语专业的学生毕业之后，大多数在外贸、金融、物流、涉外保险等行业从事与国际商务有关的业务；英语语言是基础，但更需要国际商务业务方面的操作能力，这些职业能力的强弱决定了他们工作的成败。因此，教师在教学过程中特别注重对学生专业能力的培养。英语系商务英语专业除了开设国际贸易实务、国际市场营销、人力资源管理、国际商法等课程培养学生的专业能力外，还开设了专项培训课程，培养学生的专业技能。学生专业技能的培养贯穿本专业的整个教学过程。

商务英语专业的职业技能水平证书分为两类：语言和商务。语言班有商务英语中级、雅思、托福、皮特曼等证书，商务班有文档员、营销员等证书。这些证书不仅反映了我国专业人才培养的特点，也反映了社会对人才的需求。由于英语系将获得这些证书视为毕业资格，迄今为止，所有商务英语毕业生均已获得相应的职业技能水平证书。

（二）社会评价

商务英语专业是深圳职业技术学院历年招生的热门专业，每年的新生入学成绩在全校所有新生中名列前茅，新生历年平均报到率达 92% 以上。本专业培养的人才既具有较丰富的理论知识，又具有较强的实际操作技能，深受用人单位的欢迎，历年毕业生就业率达 97% 以上。

商务英语专业毕业生走上工作岗位后，具有良好的思想品德与职业操守，他们敬业精神强、工作勤奋努力、富有创新精神与进取精神、综合素质好，用人单位对毕业生质量综合反映满意和较满意率达 100%。英语系组织教师对沃尔玛、总裁航运（中国）有限公司等几十家单位的毕业生进行了跟踪调查，并听取了用人单位的反馈。结果表明：用人单位普遍认为，商务英语专业的毕业生实践能力强，思维灵活，沟通能力强，能与同事合作，具有团队精神，英语听、说、写能力好，商务知识充足，敬业精神强，遵纪守法，能吃苦耐劳，勇于创新，业绩突出。

此外，在 2003 年教育部评估专家团对深圳职业技术学院进行示范性实践教育基地遴选过程中，商务英语专业的办学模式受到专家团的高度肯定。在 2005 年广东省教育厅组织的"广东省高职省级示范性专业"验收中，商务英语专业一举通过认证，获得该项荣誉称号。

参 考 文 献

[1] 陈恒仕. 论高职高专英语分级教学的教学手段及其评估 [J]. 教育与职业, 2009（8）：111-112.

[2] 邓克凤. 多元智能理论指导下的大学英语实践教学研究 [J]. 长春师范学院学报, 2013（4）：170-172.

[3] 何安平. 语料库语言学与英语教学 [M]. 北京：外语教学与研究出版社, 2004.

[4] 黄贤文. 基于职业教育理念的高职英语实践教学模式 [J]. 福建商业高等专科学校学报, 2012（3）：28-31.

[5] 蒋桂珍. 高职院校英语实践教学体系的构建 [J]. 教育与职业, 2012（5）：155-156.

[6] 刘福英. 韩礼德系统功能观指导下的高职公共英语教学改革 [J]. 长春理工大学学报, 2011（6）：164-165.

[7] 刘利斌. 建构主义理论对高职公共英语教学的启示 [J]. 科教文汇, 2014（8）：96-97.

[8] 刘利平, 刘红达, 廖华. 高职英语分级教学模式改革探析 [J]. 中国职业技术教育, 2013（17）：92-93.

[9] 刘艳群. 语用学理论指导下的高职公共英语教学听说能力培养 [J]. 湖南第一师范学院学报, 2014（1）：71-75.

[10] 吕素群. 高职第二课堂活动对英语实践教学改革影响因素研究 [J]. 职业教育研究, 2013（5）：108-110.

[11] 栗小兰. 浅论学生的需求与教学大纲设置 [J]. 背景第二外国语学院学报, 1994（2）：77-85.

[12] 单楠. 高职院校英语实践教学现状和研究述评 [J]. 长江大学学报（社会科学版）, 2013（8）：102-103.

[13] 束定芳. 高校英语教学现状与改革方向 [M]. 上海：上海外语教育出版社, 2015.

[14] 汤百智．职业教育课程与教学论 [M]．北京：科学出版社，2015．

[15] 王延林．英语课程实施考核评价方式改革的研究 [J]．科技创新导报，2014（2）：129-129．

[16] 王月亚，张错．高职英语教学中推行"课程思政"的探索 [J]．才智，2020（18）：39．

[17] 巫丹，曾亚．需求分析理论指导下的高职公共英语课程设置——基于各专业岗位群的调查分析 [J]．职业技术教育，2013（20）：5-9．

[18] 吴艳．高职院校大学英语课程思政路径探究 [J]．江苏工程职业技术学院学报，2020（2）：98-103．

[19] 夏君.大学英语课程思政研究——以布鲁姆教育目标分类为例 [J].现代交际，2020（10）：202-203．

[20] 徐国盛．高职院校英语分级教学的实施策略探讨 [J]．中国成人教育，2010（4）：112-113．

[21] 徐小贞.中国高职英语专业教育理论研究 [M].北京:外语教学与研究出版社，2006．

[22] 颜红梅．以职场应用为导向的高职公共英语教学改革初探 [J]．语文学刊，2013（10）：109-110．

[23] 杨惠中．语料库语言学导论 [M]．上海：上海外语教育出版社，2002．

[24] 张庆宗，吴喜艳．应用语言学导论 [M]．武汉：湖北教育出版社，2013．

[25] 张艳梅，李广义．高职公共英语课思政特色教学模式的探索 [J]．北京经济管理职业学院学报，2020，35（2）：59-63．

[26] 赵东平．基于 ESP 理论指导的高职公共英语教学改革 [J]．淮阴师范学院学报（教育科学），2011（6）：530-532．

[27] 赵娜．高职英语课程融合思政教育的路径和实施保障 [J]．北京工业职业技术学院学报，2020，19（3）：111-114．

[28] 朱红英．高职英语开放性实践教学模式开发与实践 [J]．教育与职业，2012（8）：231-231．